Thomas Wendt

Einheimische Singvögel halten und züchten

64 Farbfotos
39 Zeichnungen

Heimtiere

Ulmer

Inhalt

Vorwort

Wer schon einmal das farbenfrohe Gefieder des Stieglitz, die Zutraulichkeit des Erlenzeisig, den herrlichen Gesang der Singdrossel oder das interessante Verhalten der Bartmeise in der Voliere genießen konnte, der hat dabei vielleicht auch den Wunsch verspürt, diese Vögel in einer eigenen Voliere zu pflegen oder sogar zu züchten. So erging es zumindest mir.

Hinzu kommt aber wohl auch die Verbundenheit mit der heimischen Natur, die mich veranlasst, europäische Singvögel zu halten, zu züchten und damit ihr Verhalten in geeigneten Biotopvolieren zu studieren. Wie wohl bei vielen anderen Liebhabern auch, waren meine ersten Vögel Kanarien, Wellensittiche und einige Exoten. Als Sechsjähriger bekam ich meinen ersten Gimpel geschenkt. Von da an beschäftigte ich mich intensiv mit den heimischen Singvögeln. Neben zahlreichen anderen Vögeln, konnte ich alle in diesem Buch vorgestellten Arten in meinen Volieren zur Nachzucht bewegen. Die dabei gesammelten Erfahrungen spiegeln sich hier wieder und sollen dem Einsteiger in der „Waldvogelzucht" als Leitfaden dienen. Insbesondere soll über die richtige Haltung, Fütterung, Pflege und Zucht informiert werden. Vielleicht kann auch der bereits erfahrene Züchter den einen oder anderen Hinweis für seine Zucht nutzen.

Ein besonderer Dank gilt meiner Frau und meinen Eltern, die mein Hobby, oder besser gesagt meine Leidenschaft, nicht nur dulden, sondern mir mit Rat und Tat zur Seite stehen. Weiterhin danke ich meiner Schwester für die sehr kritische Durchsicht des Manuskriptes.

Ich hoffe, dass ich mit diesem Buch viele Mitmenschen motivieren kann, einheimische Singvögel zu halten und zu züchten, damit ihre Bestände in Menschenobhut erhalten bleiben und sich auch noch Generationen nach uns an Ihnen erfreuen können.

Wilhelmshaven/Sengwarden, Frühjahr 2002

Rotkehlchen im Nest.

4

Thomas Wendt

Rechte Seite: Natur-
nah gestaltete Gärten
und bewachsene Haus-
wände bieten unseren
Vögeln Nahrung und
Brutplätze.

Einheimische Singvögel in der Natur

Wenn Sie einheimische Vögel halten oder gar züchten wollen, müssen Sie wissen, wie die Tiere in freier Natur leben. Durch eigene Beobachtungen und durch das Studieren verschiedener Fachpublikationen können Sie sehr viel über die Lebensgewohnheiten unserer gefiederten Freunde erfahren. Dieses Wissen erlaubt es Ihnen dann, den Vögeln möglichst optimale Haltungs- und Zuchtbedingungen zu bieten.

Ihre Stellung im zoologischen System

Alle Vögel der Erde gehören im zoologischen System der Klasse Aves (Vögel, 9088 Arten, davon 74 in den letzten drei Jahrhunderten ausgestorben) an. Die Klasse Aves wiederum unterteilt sich in verschiedene Ordnungen, wobei die hiesigen Singvögel der Ordnung Passeriformes (Sperlingsvögel, 5356 Arten, davon 23 ausgestorben) angehören. Alle Ordnungen werden in Unterordnungen gespalten. Zur Unterordnung Passeres (Singvögel, 4255 Arten, davon 22 ausgestorben) gehören nun unsere einheimischen Singvögel. Weiterhin werden die Unterordnungen in Familien, die Familien in Gattungen und schließlich die Gattungen in Arten unterteilt. Anhand zweier Beispiele soll die Zuordnung von Vogelarten in das zoologische System verdeutlicht werden.

Beispiel 1:	Bachstelze
Klasse:	Vögel (Aves)
Ordnung:	Sperlingsvögel (Passeriformes)
Unterordnung:	Singvögel (Passeres)
Familie:	Stelzen (Motacillidae)
Gattung:	Bachstelze (*Motacilla*)
Art:	Bachstelze (*Motacilla alba*)

Beispiel 2:	Erlenzeisig
Klasse:	Vögel (Aves)
Ordnung:	Sperlingsvögel (Passeriformes)
Unterordnung:	Singvögel (Passeres)
Familie:	Carduelidae (Gimpel)
Gattung:	Erlenzeisig (*Spinus*)
Art:	Erlenzeisig (*Spinus spinus*)

Verschiedene Lebensräume

Vögel besiedeln die unterschiedlichsten Lebensräume: ob landwirtschaftlich genutzte Flächen, Parks, Gärten, Sümpfe, Gewässer, offene oder vegetationsreiche Gelände, Gebirge, Wüsten, Halbwüsten, Küsten oder Steppen. Sogar Großstädte bieten vielen Vogelarten optimale Lebensbedingungen.

Einige Arten sind auf Wälder angewiesen. Haubenmeisen leben sogar in ausgesprochen dichten und dunklen Nadelwäldern. Erst hier fühlen sie sich richtig wohl. Andere Arten, so zum Beispiel die Feldlerchen, bewohnen offenes Gelände wie Ackerland, Moore oder Dünen. Nachtigallen dagegen benötigen unterholzreiche, feuchte Laubwälder oder Gebüsche.

Jede Vogelart bevorzugt bestimmte, für sie überlebenswichtige Biotope. Leider sind durch die immer weiter voranschreitende Umweltzerstörung und -verschmutzung etliche Arten vom Aussterben bedroht. Andere sind glücklicherweise im Laufe der Zeit zu so genannten Kulturfolgern geworden. Die Amsel beispielsweise, auch Schwarzdrossel genannt, war früher ein reiner Waldvogel, heute ist sie einer der häufigsten Vögel in Großstädten. Ein weiteres Beispiel ist der Hausrotschwanz. Vor Jahrhunderten war er ein ausgesprochener Felsenbewohner. Im Laufe der Zeit hat er die menschliche Nähe immer mehr gesucht und nutzt sogar Gebäude, um hier seine Nester zu bauen.

Diese Art der Anpassung haben aber leider nur wenige Arten vollzogen. Wenn Flurbereinigungen, Trockenlegungen von Feuchtgebieten, Einsätze von chemischen Giften und viele andere Umwelt zerstörende Maßnahmen nicht drastisch reduziert werden, wird der Gesang vieler heimischer Vogelarten in absehbarer Zeit endgültig verstummen.

> **TIPP**
> Beobachten Sie bei Ihren Spaziergängen oder im eigenen Garten die heimische Vogelwelt. Dabei erkennen Sie, welche Bedingungen die jeweiligen Arten an ihren Lebensraum stellen. Aus den Beobachtungen können Sie schließlich Ideen für die Ausstattung Ihrer Voliere ableiten.

Vogelschutz im eigenen Garten

Auf vielerlei Weise können wir unseren gefiederten Freunden bereits im eigenen Garten helfen und somit zum Schutz und Erhalt der verschiedenen Vogelarten beitragen. Ein **Naturgarten** mit heimischen Bäumen, Sträuchern und Stauden wird unzählige Vögel anlocken und uns zum ausgiebigen Beobachten einladen. Aber auch bereits ein Futterhäuschen oder ein Nistkasten auf dem Balkon oder am Fenster können wertvolle Hilfe leisten.

An einem Vogelbad im eigenen Garten bleibt es nicht lange still.

Wer die Möglichkeit besitzt, sollte seinen Garten in ein Biotop umwandeln. Mit etwas Geschick und Ideen lässt sich so ein kleines Paradies erschaffen. Heimische Pflanzen stellen den Grundstock. Unterschiedliche Beerensträucher und **Obstbäume** bieten zur Brutzeit Nistmöglichkeiten, und beispielsweise Kirschen schmecken nicht nur den Staren, sondern auch uns.

Haben Sie sich entschieden, Ihren Garten vogelgerecht zu gestalten, müssen Sie bedenken, dass der größte Teil unserer heimischen Singvogelwelt **Laubgehölze** bevorzugt. Ein kleinerer Bereich des Gartens, mit heimischen **Nadelbäumen** bepflanzt, bietet wiederum Vogelarten Schutz, Nahrung und Nistmöglichkeiten, die auf Nadelgehölze angewiesen sind.

Im Herbst und Winter ergänzen Beeren den Speiseplan der Vögel. Das Bild zeigt eine Amsel beim Verzehr der Beeren vom Schneeball.

Einheimische Gehölze bieten Nahrung, Schutz und Nistmöglichkeiten

Apfelbaum	Feldahorn	Kirschpflaume	Rotbuche
Berberitze	Felsenbirne	Kornelkirsche	Schlehe
Birnbaum	Hainbuche	Kreuzdorn	Schneeball
Brombeere	Hartriegel	Liguster	Speierling
Eberesche	Haselnuss	Lorbeerweide	Stieleiche
Efeu	Heckenkirsche	Mandelweide	Traubenkirsche
Eibe	Heckenrose	Mehlbeere	Wacholder
Elsbeere	Himbeere	Mispel	Weißdorn
Erle	Holunder	Pfaffenhütchen	Winterlinde
Esche	Kirschbaum	Pflaumenbaum	Zwetschgenbaum

Stauden bieten zahllosen Vogelarten eine willkommene Nahrungsquelle. Die Samenstände aller Distelarten werden zum Beispiel sehr gerne vom Stieglitz aufgenommen. Daher wird dieser bunte Geselle auch Distelfink genannt. Eine **Wildblumenwiese** zieht unzählige Insekten an, welche wiederum Nahrungsquelle für fast alle Vogelarten sind. Denn nicht nur die Insektenfresser, sondern auch die Körnerfresser, wie Feldsperling, Gimpel oder Buchfink, nehmen zur Jungenaufzucht sehr viel tierische Nahrung auf. Man muss auch nicht jede Brennnessel aus seinem Garten entfernen. Auf ihr leben ebenfalls unzählige Insekten und sie dient bei entsprechender Dichte als Nisthilfe für allerlei Vogelarten. Die Mönchsgrasmücke beispielsweise baut ihr Nest gerne frei stehend zwischen den Stängeln dieser bei Gartenfreunden so unbeliebten Pflanze. Eine weitere gute Gelegenheit, Nisthilfen und Schlafplätze zu schaffen, bietet der Efeu. Er verziert eben nicht nur die Hauswand, sondern auch Vögel können sich dahin zurückziehen.

Pfaffenhütchen sollten in einem „Vogelgarten" nicht fehlen.

Trockenmauern und vor allem naturnah angelegte Gartenteiche begeistern fast alle Vögel. Reisighaufen bieten Schutz und Nistplätze. Aufgeschichtetes Totholz und Baumwurzeln sind nicht nur ein schöner Anblick, sondern auch Lebensraum für Insekten, Kerbtiere, Reptilien und Kleinsäuger.

Nisthilfen sind mittlerweile nicht nur im Garten fast unerlässlich. Überall wird die Natur „aufgeräumt", den Tieren ihr Lebensraum genommen. Ein Beispiel hierfür ist die Vernichtung der so genannten Unkräuter. Sie sind für viele Tierarten lebenswichtig, denn sie sind ihre Nahrung. Totholz oder undurchdringliches, dorniges Buschwerk wird ebenso beseitigt, obwohl es unzählige Tierarten beheimatet.

Um so wichtiger ist es, den verschiedenen Vogelarten entsprechende **Nisthilfen** zur Verfügung zu stellen. Heimische Bäume und Sträucher, auch als Hecke, bieten zum Beispiel den Drossel-, und Grasmückenarten, Buchfink, Gimpel, Bluthänfling, Zaunkönig und einer Menge anderer Arten ausgezeichnete Nistmöglichkeiten. Auch von uns gefertigte Nisttaschen helfen weiter. Ginster- oder Nadelbaumzweige binden Sie mit einem Ende an einem Baum fest. Dann biegen Sie das andere Ende hoch und befestigen es ebenfalls. Die so entstandene Nisttasche wird von vielen Singvögeln dankbar angenommen. Für Höhlenbrüter bietet der Handel eine reichhaltige Auswahl von Nistkästen.

> **TIPP**
> Nisthöhlen sollten Sie das ganze Jahr über anbieten. Diese werden im Winter von vielen Arten als Schlafplatz genutzt. Eine ausreichende Säuberung und Desinfizierung im Herbst ist Voraussetzung.

1

2

3

4

■ Artgerechte Nisthilfen für
1 Kohlmeise
2 Hausrotschwanz
3 Gartenrotschwanz
4 Rauchschwalbe

11

■ Futtersilos sind leichter sauber zu halten als Vogelhäuschen aus Holz. Außerdem können Sie leicht überschauen, wieviel Futter gefressen wurde und entsprechend nachfüllen.

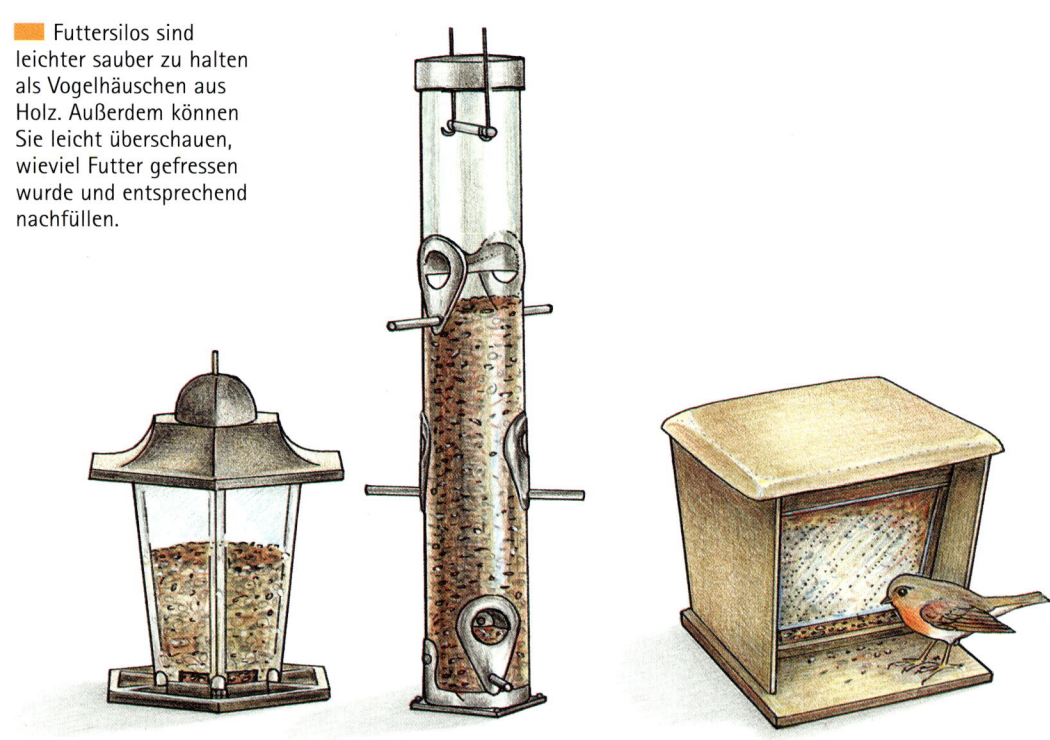

Selbst hergestellte Bruthöhlen erfüllen ihren Zweck ebenfalls, dabei spielt die Größe der Brutstätte keine große Rolle, denn einer Tannenmeise oder einem Rotkehlchen ist es egal, ob die Grundfläche eines Nistkastens 12 x 12 cm oder 15 x 15 cm beträgt. Viel wichtiger ist es, die Brutstätte gegen Räuber zu sichern. Bruthöhlen müssen für Katzen unerreichbar sein, wobei Stacheldraht Abhilfe schaffen kann. Halbhöhlen sollten Sie mit grobmaschigem Draht schützen, denn so können Marder, Katzen, Elstern oder Eichelhäher nicht an das Nest gelangen. Die Vögel hingegen können durch die groben Maschen schlüpfen und ihr Nest erreichen. Auch Schwalben können Sie künstliche Nisthilfen bieten. Um Verschmutzungen unterhalb der Schwalbennester vorzubeugen, können Brettchen entsprechend angebracht werden. Künstlich angelegte Lehm- oder Schlammpfützen erleichtern den Schwalben die Suche nach geeignetem Nistmaterial. Bei solchen Voraussetzungen lassen diese Frühjahrboten nicht lange auf sich warten.

Wichtig ist, dass Sie die Nisthilfen vor Nesträubern, wie Katzen, Mardern, Elstern und Eichhörnchen schützen. Sie können selbst grobmaschiges Drahtgeflecht anbringen, durch das die Vögel schlüpfen können, die Nesträuber aber nicht.

Über das Thema **Winterfütterung** wird immer wieder heftig diskutiert. Bei allem Für und Wider ist wissenschaftlich nicht geklärt, was nun für unsere Vögel vorteilhaft ist. Eines dürfte jedoch klar sein: Arterhaltung durch Winterfütterung gibt es nicht. Jeder sollte für sich selbst entscheiden, ob er unseren Vögeln die Winterzeit mit Futtergaben erleichtert. Wenn, dann muss regelmäßig gefüttert werden. Das Futter sollte nicht nur aus Sonnenblumenkernen bestehen, sondern auch kleinkörnige Saatenmischungen enthalten. Weichfresserfutter kann Drosseln, Rotkehlchen, Zaunkönigen und anderen bei uns überwinternden Insektenfressern zur Verfügung gestellt werden. Obst und getrocknete Beeren werden von vielen Vögeln ebenfalls nicht verschmäht. Weiterhin können Haferflocken, Rosinen und gekaufte oder selbst hergestellte Meisenknödel oder -ringe angeboten werden.

■ Goldammer beim Baden. Das Gefieder wird dabei gründlich nass gemacht, viele Vögel brauchen ihr tägliches Bad.

Ein weiterer wichtiger Punkt, den man bei der Winterfütterung unbedingt beachten muss, ist die Hygiene. Handelsübliche Holzfutterhäuser sind meistens schwer zu reinigen; geeigneter sind deshalb so genannte Futtersilos.

Falls kein Gartenteich mit flacher Uferzone vorhanden ist, sollten Sie den Vögeln, vor allem in den Sommermonaten, Trink- und Badewasser anbieten. Alle bis zu 5 cm tiefen, nicht glatten Gefäße, die zum Rand hin flacher werden, können als **Vogeltränke** benutzt werden. Eine Alternative stellen selbsterstellte Betonbecken dar, die sich ausgezeichnet bewährt haben.

Aufpäppeln von Findelkindern

Jeder Vogelzüchter bekommt irgendwann die Gelegenheit, verlassene Nestlinge großzuziehen. Sind Sie in ihrem Umfeld erst einmal als Vogelzuchter bekannt, werden Ihnen verlassene Jungvögel sicherlich gerne anvertraut. Aber auch in der eigenen Zucht kommt es vor, dass die Elterntiere ihren Nachwuchs aufgeben. Das kann unterschiedliche Ursachen haben. Wenn Sie keine Zeit finden, sich der hilfebedürftigen Vögel anzunehmen, können Sie sich an eine Aufzuchtstation oder Ähnliches wenden. Auskünfte über solche Einrichtungen, die auch von Privatpersonen betrieben werden, erteilen Tierärzte oder Tierheime.

> **TIPP** Vom Tierarzt oder Tierheim können Sie erfahren, wohin Sie verlassene Nestlinge bringen können.

Haben Sie sich entschlossen, die Verantwortung für die kleinen Pfleglinge zu übernehmen, müssen Sie sich über den damit verbundenen, erheblichen **Zeitaufwand** im Klaren sein. Aufgefundene Jungvögel, die noch einen relativ stabilen Eindruck machen, sollten Sie nach Möglichkeit am Fundplatz eine Weile beobachten. In den meisten Fällen sind diese Vögel gar nicht elternlos, sondern sie haben ihr Nest vielleicht nur vorzeitig verlassen. Sollte sich nach einer bis zwei Stunden kein Elternvogel blicken lassen, dann können Sie mit gutem Gewissen die Aufzucht übernehmen. Da alle heimischen Vögel geschützt sind und nicht der Natur entnommen werden dürfen, ist es ratsam, die zuständige Naturschutzbehörde zu informieren.

> Beachten Sie vermeintlich verwaiste Jungvögel erst eine Weile. Wenn länger als ein bis zwei Stunden kein Elternteil kommt, können Sie sie aufziehen.

Nicht nur die reinen Insektenfresser sondern auch fast alle Körnerfresser versorgen ihre Jungen in den ersten Tagen mit tierischer Kost.

Auch wenn handaufgezogene Vögel längst selbstständig sind, bleiben sie oft noch zutraulich gegenüber dem menschlichen Pfleger.

Noch nicht befiederte Jungvögel benötigen eine Temperatur von etwa 30 °C. Als Nest eignen sich verschiedene Gefäße, zum Beispiel ein Blumentopf, der mit Heu oder mit Papiertüchern ausgepolstert wird. Sobald die Jungen befiedert sind und unruhig im Nest sitzen, sollten Sie das Nest in einen Vogelkäfig stellen.

Je nach Alter des Vogels muss alle halbe bis zwei Stunden gefüttert werden. Die meisten Jungvögel öffnen bei den ersten Fütterungen nicht freiwillig den Schnabel und müssen daher mehrmals gestopft werden. Dazu wird der Vogel in eine Hand genommen und mit dem Daumen und dem Zeigefinger wird der Schnabel vorsichtig geöffnet. Mit der anderen Hand wird unter Mithilfe einer Pinzette oder eines Zahnstochers das Futter in den Schnabel gege-

Diese jungen Gimpel aus einer Volierenzucht wurden von ihren Eltern verlassen und erfolgreich von Hand aufgezogen.

ben. Nach einigen Fütterungen betteln die Jungen von sich aus und öffnen bereitwillig ihren Schnabel. Neben verschiedenen Futtertieren, wie zum Beispiel kleinen, zerstückelten Mehlwürmern, Ameisenpuppen, abgekochten Pinkys, Getreideschimmelkäferlarven, Heimchen oder Spinnen, kann auch ein Aufzuchtfutter verabreicht werden. Dieses ist über den Fachhandel zu beziehen und kann mit hartgekochtem, fein zerdrücktem Ei angereichert werden.

In Wasser eingeweichte Beoperlen leisten auch sehr gute Dienste. Weiterhin gequollenes Welpenfutter in Pelletform. Körnerfressern können Sie fein gehackte Vogelmiere oder Löwenzahn unter das Futter mengen. Bluthänflingen und Girlitzen – sie nehmen kaum tierische Nahrung auf – sollten geschälte Sämereien in gequollenem und zerkleinertem Zustand gereicht werden. Der Flüssigkeitsbedarf der Vögel wird durch die Feuchtigkeit im Futter sichergestellt. Haben Sie den Eindruck, der Jungvogel sollte zusätzlich mit Wasser versorgt werden, können kleine Mengen mit einer Spritze verabreicht werden.

TIPP
Ein Milbenpulver oder –spray sollten Sie stets im Hause haben. Viele verlassene Vogelkinder sind von Parasiten, wie der Roten Vogelmilbe befallen. Eine rasche Behandlung befreit die Nestlinge von den lästigen Plagegeistern, die aufgrund ihrer hohen Vermehrungsrate sogar lebensbedrohlich werden können.

Sobald die Jungen das Nest verlassen haben, muss immer etwas Nahrung im Käfig vorhanden sein, denn schon bald beginnen sie daran neugierig zu picken und die ersten Futterbrocken von allein aufzunehmen. Erst wenn die Kleinen vollkommen selbständig sind, dürfen sie **in die Freiheit** entlassen werden. Oft sind handaufgezogene Vögel auf ihren Pfleger geprägt, und es dauert eine Weile, bis der Vogel sich auf ein selbstständiges Leben in Freiheit eingestellt hat.

Überlegungen vor der Anschaffung

Bevor Sie sich Vögel anschaffen, müssen Sie sich Gedanken machen, ob Sie den Vögeln wirklich optimale Betreuung und Haltung bieten können. Nur wenn dies möglich ist, fühlen sich die Tiere wohl, bleiben gesund und bereiten Ihnen Freude. Die Beschaffung europäischer Singvögel ist nur bei einem Züchter möglich. Da sie durch die entsprechenden Gesetze geschützt sind und nicht vermarktet werden dürfen, sind sie im Zoohandel nicht erhältlich. Adressen von Züchtern können Sie zum Beispiel bei einem ortsansässigen Vogelverein oder bei einem der großen Verbände erfragen (siehe Seite 92). In den Fachzeitschriften werden regelmäßig europäische Singvögel angeboten.

Einheimische Vögel in der Gesetzgebung

Da alle wild lebenden, europäischen Vögel geschützt sind und nicht der Natur entnommen werden dürfen, müssen einige **Bestimmungen** beachtet werden. Leider schrecken immer wieder Liebhaber vor der Haltung und Zucht der heimischen Vögel zurück, weil angeblich der bürokratische Aufwand zu groß sei. Dieser kleine Mehraufwand steht aber in keinem Verhältnis zu der Freude, die einem die Tiere durch ihr Verhalten, ihre Munterkeit und ihren Gesang bereiten.

> **TIPP**
> Informieren Sie sich rechtzeitig, bevor Sie beginnen, die Voliere zu bauen. Die für Ihre Stadt oder Gemeinde zuständigen Naturschutz- und Baubehörden geben Auskunft über Bestimmungen und Antragsverfahren.

Ihre Volierenanlage muss von der zuständigen Behörde – im Regelfall der unteren Naturschutzbehörde – genehmigt sein. Da diese mit der jeweiligen Baubehörde zusammenarbeitet, sind baurechtliche Bestimmungen zu beachten. Die Genehmigung der Volierenanlage enthält verschiedene Auflagen. So zum Beispiel eine Angabe über die Höchstanzahl an Vögeln, die in der Voliere gehalten werden dürfen. Ferner müssen Sie im Vorlauf des Genehmigungsverfahrens angeben, welche Vogelarten Sie halten wollen.

Zudem müssen Sie Ihren Bestand an heimischen Vögeln der Behörde melden: einmal zu Beginn der Haltung und anschließend zweimal pro Jahr in Form einer **Bestandsmeldung**. Das heißt, alle Veränderungen, ob Neuzugänge, Abgänge oder Nachzuchten, sind anzuzeigen.

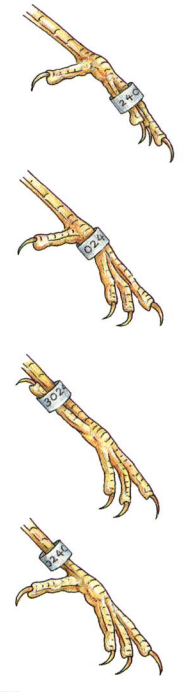

Beringung

Empfohlene Ringgrößen

Bachstelze	2,8 mm	Girlitz	2,5 mm
Bartmeise	2,8 mm	Goldammer	3,0 mm
Bergfink	3,0 mm	Grünfink	3,0 mm
Birkenzeisig	2,5 mm	Hausrotschwanz	2,5 mm
Bluthänfling	2,5 mm	Heckenbraunelle	2,8 mm
Buchfink	2,8 mm	Kernbeißer	3,5 mm
Erlenzeisig	2,5 mm	Mönchsgrasmücke	2,8 mm
Feldsperling	3,0 mm	Rohrammer	2,8 mm
Fichtenkreuzschnabel	3,5 mm	Rotkehlchen	2,5 mm
Gartenrotschwanz	2,5 mm	Singdrossel	4,0 mm
Gimpel	2,8 mm	Stieglitz	2,8 mm

Weiterhin müssen Sie ein **Nachweisbuch** führen. In diesem Buch wird die Herkunft und der Verbleib des jeweiligen Vogels dokumentiert. Grundsätzlich sind heimische Singvögel mit geschlossenen Ringen zu versehen. Nachdem der Vogel ausgewachsen ist, darf ihm der **Fußring** nicht abgezogen werden können. Die geschlossene Beringung gilt als Zuchtnachweis. Ringe bekommt man als Mitglied der verschiedenen Verbände. Hier seien die AZ (Vereinigung für Artenschutz, Vogelhaltung und Vogelzucht e.V.), der WVP (Bund Deutscher Waldvogelpfleger e.V.), der VDW (Verband Deutscher Waldvogelpfleger und Vogelschützer e.V.) und der DKB (Deutscher Kanarien- und Vogelzüchter-Bund e.V.) genannt. Die Adressen der jeweiligen Verbände finden Sie auf Seite 92). Es ist durchaus möglich, dass die zuständige Behörde Stichproben durchführt und die Vögel sowie das entsprechende Nachweisbuch kontrolliert. Hält man aber die Bestimmungen ein, hat man nichts zu befürchten. Und zudem wird jedem Vogelfreund der Sinn dieser Bestimmungen – dem Missbrauch unserer einheimischen Vogelwelt entgegenzuwirken – einleuchten.

Bestands- und Zuchtbuch (Nachweisbuch)

Name der Züchters: _____
Züchter-Nummer: _____
Anschrift: _____

Voliere/Gehege: _____

Dieses Nachweisbuch hat ... Seiten.
_____

Angefangen am: _____
Beendet am: _____

18

Lfd Nr	Vogelart	Datum Kauf bzw. Schlupf	Ringnummer	Name, Anschrift des Abgebenden	Datum Abgang	Name, Anschrift des Empfängers oder sonstiger Abgangsgrund

Vogelhaltung ist mehr als ein Hobby

Für viele Menschen ist der Umgang mit Tieren, und damit auch ihre Pflege, mit die schönste Beschäftigung der Welt. Vögel werden schon seit vielen Jahrhunderten von Menschen gehalten. Teilweise wegen ihres schönen Gesanges, heute mehr und mehr auch aus reiner Freude am Tier, aber auch zu Zuchtzwecken. Vogelbesitzer tragen eine große Verantwortung. Die Gesundheit und das Wohlbefinden ihrer Lieblinge liegen einzig und allein in Ihrer Hand. Misserfolge bei der Haltung oder Zucht von heimischen Vögeln sind in den allermeisten Fällen auf die Fehler des Pflegers zurückzuführen. Neben dieser großen Verantwortung steht aber die Freude und die Bestätigung, einer sinnvollen Beschäftigung nachzugehen.

> **TIPP**
> Über die einzelnen Verbände erfahren Sie, ob sich in Ihrer Umgebung ein Vogelverein befindet. Die Mitgliedschaft fördert Kontakte zu anderen Vogelliebhabern.

Als Züchter will man alles über seine Pfleglinge wissen. Sei es durch das Studieren von Literatur, die Teilnahme an Seminaren und durch den Beitritt in einen Vogelverein. Hier können Sie mit Gleichgesinnten über das gemeinsame Hobby fachsimpeln und Erfahrungen austauschen. Wie von selbst entwickelt sich dabei ein ganz besonderes Verständnis für den Erhalt unserer Natur und den Schutz der wild lebenden Tiere.

Pflege während der Urlaubszeit

Schon vor der Anschaffung der Vögel muss Ihnen klar sein, dass die Tiere während Ihres Urlaubs von einer vertrauensvollen Person versorgt werden müssen. Die beste Lösung wäre ein erfahrener Vogelfreund.

Bei eintägiger Abwesenheit ist es zwar möglich, die Vögel mit etwas mehr Futter als sonst zu verpflegen, aber sobald Sie auch nur über das Wochenende verreisen, sollte eine Urlaubsvertretung mit der Versorgung der Vögel beauftragt werden.

 Feldsperlinge am winterlichen Futterplatz.

19

■ Rechte Seite: Eine begehbare Voliere mit natürlicher Bepflanzung eignet sich am besten für Singvögel.

Unterbringung, Haltung, Pflege

Artgerechte Vogelhaltung erfordert bestimmte Mindestvoraussetzungen. Das betrifft sowohl die Größe der Voliere, als auch deren Einrichtung und die Zusammensetzung der Vogelgesellschaft.

> **TIPP**
> Planen Sie den Bau Ihrer Zuchtanlage bis ins Detail. Spätere Veränderungen sind entweder kostenaufwändig oder verunstalten den schönen Gesamteindruck der ursprünglichen Anlage. Bauen Sie so, dass Sie Ihre Vögel gut beobachten können.

Unterbringung

Ob nun Zimmer- oder Gartenvoliere, dem Bedürfnis der Tiere nach Bewegung muss Rechnung getragen werden. Die Vögel sollen nicht nur von Sitzstange zu Sitzstange hüpfen, sondern sie sollen fliegen können. Dies ist im Übrigen auch von gesetzlicher Seite her vorgeschrieben.

Käfig

Zur vorübergehenden Trennung eines Vogels von der übrigen Gesellschaft, zur Krankenpflege oder zur Eingewöhnung von Neuzugängen benötigt man Käfige. Handelsübliche Drahtkäfige sind für unsere heimischen Singvögel aber gänzlich ungeeignet.

■ Ein nach allen Seiten offener Käfig ist für einheimische Vögel nicht geeignet.

Als Käfig kommen für heimische Singvögel ausschließlich so genannte Kistenkäfige aus Holz oder Kunststoff in Betracht. Diese sind bis auf die Vorderfront, die aus Gitter besteht, zu allen Seiten geschlossen. In diesen Käfigen fühlen sich die Vögel sicher. Mehrere Türen lassen es zu, dass alle Bereiche des Kistenkäfigs gut erreichbar sind. Eine Kotschublade erleichtert die Reinigung und erspart den Vögeln unnötigen Stress.

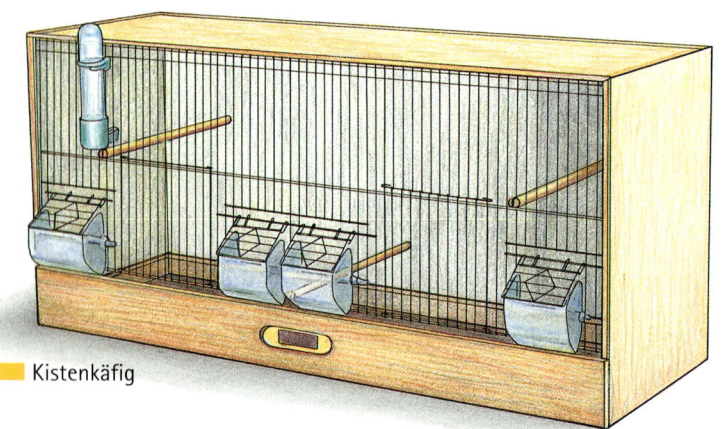

■ Kistenkäfig

Das Vogelheim soll die Bedürfnisse des Vogels decken und Ihnen als Pfleger gleichzeitig die täglichen Handgriffe so leicht wie möglich machen. Auch wenn Sie den Kistenkäfig an einen hellen Standort plazieren, reichen die Lichtverhältnisse kaum aus. Daher ist es notwendig, eine Lichtquelle im Käfig zu installieren. Der Fachhandel bietet hier sehr gute Lösungsmöglichkeiten. Die Halterungen für die Leuchtstoffröhren können Sie direkt unter die Käfigdecke schrauben.

Bei der Haltung in Kistenkäfigen sollten Sie die Trink-, Bade- und Futtergefäße außen an das Frontgitter anbringen. Die handelsüblichen Vorsatzgitter sind bereits mit Futtertürchen ausgestattet. Durch die Außenfütterung wird innerhalb des Käfigs Platz eingespart, das Futter und Wasser wird nicht beschmutzt und Sie müssen nicht mit der Hand in den Käfig langen, wodurch die Vögel stets beunruhigt würden.

■ Futternäpfe sollten standfest sein und gut zu reinigen.

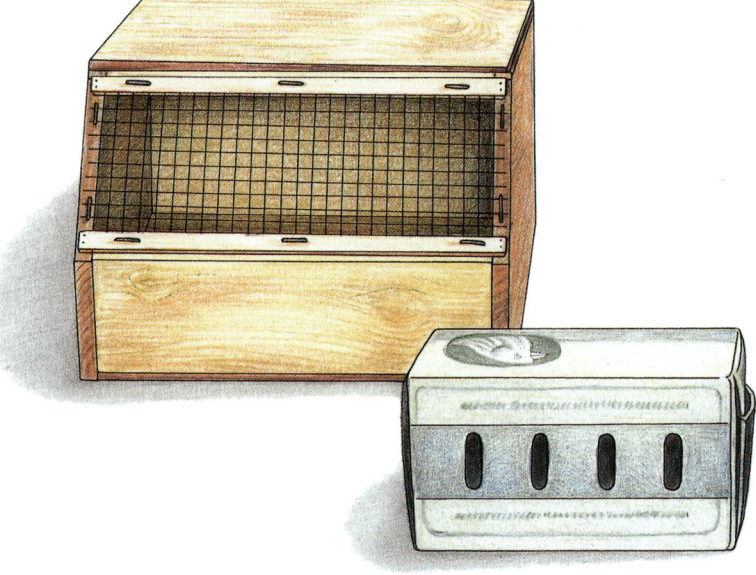

■ Transportkästen können aus Holz mit Drahtgeflecht bestehen oder für den kurzen Transport auch aus fester Pappe.

22

Eine Kotschublade ermöglicht Ihnen ein schnelles Auswechseln des Bodenbelages. Je nach Vogelart können Sie verschiedene Bodenbeläge einsetzen. Für Insektenfresser empfehlen sich weiche Materialien, da gerade diese Vogelgruppe ausgesprochen empfindliche Füße besitzt. Hier bietet sich Moos oder Walderde an. Weitere Bodenbeläge wären Zeitungspapier, Papierhaushaltstücher, Buchenholzgranulat, Vogelsand, Laub oder Katzeneinstreu.

> Die Innenausstattung des Vogelheimes sollte an die Bedürfnisse der Vogelart angepasst werden

Als Sitzwarte am Boden können Sie einen kleinen Findling oder einen armdicken Ast verwenden. Die Sitzstangen sollten ausschließlich aus Naturzweigen geschnitten sein. Die unterschiedlichen Durchmesser der Zweige zwingen Ihre Vögel zu ständig wechselnder Fußhaltung. Zusätzlich dienen Naturzweige dem Krallenabrieb. Holunder- und Birkenzweige haben sich besonders bewährt. Um eine schnelle Auswechslung zu ermöglichen, sollten Sie entsprechende Halterungen im Käfig installieren. Die Sitzstangen müssen Sie so anbringen, dass die oben sitzenden Vögel die unteren Zweige nicht beschmutzen können.

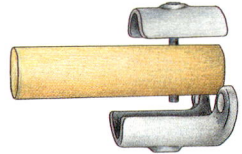

Sitzstangen können mit verschiedenen Haltern befestigt werden.

Voliere

Die optimale Unterbringung für einheimische Singvögel ist eine **Gartenvoliere** mit einem angrenzenden **Schutzhaus**, in dem die Temperaturen im Winter nicht unter den Gefrierpunkt fallen. Viele der in die-

Eine nahezu optimale Volierenanlage: Ein massiv gebautes Vogelhaus mit anschließenden Außenvolieren.

23

sem Buch vorgestellten Vogelarten können ganzjährig in dieser Volierenanlage bleiben. Der Bau einer solchen Voliere ist allerdings von verschiedenen Faktoren abhängig.

Neben Ihrem persönlichen Geschmack und Geldbeutel, ist der zur Verfügung stehende Platz natürlich ein ausschlaggebendes Kriterium. Ansonsten sind über den Bau von Volieren schon ganze Bücher geschrieben worden. Darum an dieser Stelle nur ein paar grundsätzliche Voraussetzungen.

> Der große Vorteil einer Freivoliere ist, dass die Vögel dem natürlichen Jahresrhythmus ausgesetzt sind, auf den der Organismus unserer heimischen Singvögel ausgerichtet ist.

Der **Standort** der Voliere muss so ausgewählt sein, dass für einige Stunden am Tag die Sonne herein scheinen kann. Es müssen selbstverständlich genügend Schattenplätze vorhanden sein. Die Wetterseiten sollten zumindest teilweise gegen Wind und Regen geschützt werden. Ein überdachter Bereich ermöglicht den Vögeln sich zurückzuziehen. Um die Außenvoliere vor dem Eindringen unliebsamer Gäste wie Mäuse, Ratten oder Wiesel zu schützen, ist ein ausreichend tiefes Fundament notwendig, etwa 80 cm gelten als Richtmaß. Auf das **Fundament** werden einige Reihen Klinker gemauert. Darauf können dann die **Aufbauten**, das heißt die Rahmenkonstruktionen, befestigt werden. Je nach Vorliebe und handwerklichem Geschick bietet sich Holz oder Metall an. Eine dunkle Drahtbespannung bietet, im Gegensatz zu einer metallisch glänzenden Ausführung, einen guten Blick in die Voliere.

Um den Vögeln einen Schutz vor Katzen und anderen Räubern zu gewähren, ist eine doppelte Drahtbespannung ideal. Mindestens 5 cm Abstand zwischen den Drahtgeflechten sollte eingehalten werden. Weitere **Schutzmaßnahmen vor Raubzeug** können ein elektrischer Weidezaun oder Greifvogelspiegelkugeln auf der Voliere sein.

▬ Eine elektrische Weidezaunanlage hält vierbeiniges Raubzeug fern.

Eine Schleuse vor der Volierentür verhindert beim Betreten das Entweichen der Vögel. Diese Schleuse sollten Sie großzügig bemessen. So ist unter anderem das Einbringen von größeren Pflanzen oder das Austauschen vom Bodenbelag einfacher durchzuführen. Das Schutzhaus sollte neben der Innenvoliere genügend Platz für Käfige, kleine Innenvolieren, Futterküche, Stauraum und Ähnliches bieten.

Ausstattung und Einrichtung

Bei der Einrichtung einer Gartenvoliere mit angrenzendem Schutzhaus können Sie Ihrer Phantasie freien Lauf lassen. Der Futterplatz
sollte sich im Schutzraum befinden. Ein Futtertisch
in etwa einem Meter Höhe erleichtert Ihnen die
Arbeit. Außerdem nehmen Vögel, abgesehen von
einigen wenigen Arten, ungern Futter vom Boden
auf. Der Schutzraum kann spartanisch eingerichtet
sein; einige Natursitzstangen reichen völlig aus. Er
soll übersichtlich und leicht zu reinigen sein. Ein
gefliester Boden ermöglicht eine optimale Reinigung, denn er kann hin und wieder ausgewischt
werden.

Der Lichteinfall in die Innenvoliere ist trotz Fenster meist nicht ausreichend, so dass zusätzlich eine
Leuchtstoffröhre angebracht werden muss. Bewährt
haben sich die so genannten „True-Lite-Röhren".
Eine Dämmerungsanlage verhindert das schlagartige Erlöschen des
künstlichen Tageslichtes. Eine schwache Notbeleuchtung sollten Sie

Den eigenen Garten
in eine Voliere umge-
wandelt: Traum vieler
Vogelliebhaber.

TIPP Körnerfresser benagen gerne
alle Arten von Koniferen, so dass ein
oftmaliges Auswechseln der Zweige
und Bäume erforderlich ist. Informieren
Sie Bekannte und Nachbarn, dass Sie
ständig ein dankbarer Abnehmer für
Nadelbäume sowie deren Zweige und
Äste sind. Auf diese Weise erhalten
Sie ständig frisches Grün zur Ausstattung der Voliere.

nachts sowohl in der Innen- wie auch in der Freivoliere installieren. Sie dient als Orientierungshilfe, falls die Vögel in der Nacht aufgeschreckt werden.

Der Durchflug von der Innen- zur Außenvoliere muss durch ein großzügiges Einflug- beziehungsweise Ausflugloch gewährleistet sein. Bei der Einrichtung und der Bepflanzung der Außenvoliere sollten Sie sich an den natürlichen Bedürfnissen der von Ihnen gehaltenen Vögel orientieren.

Holunder und Fichten sind besonders für Volieren mit Körner fressenden Vögeln geeignet, weil diese kaum oder wenig benagt werden. Da Insektenfresser den Pflanzen keinen Schaden zufügen, können Sie deren Volieren wunderschön gestalten. Durch den Besatz mit entsprechenden Pflanzen ziehen Sie unzählige Insekten an, die von den Vögeln gern als Zusatznahrung aufgenommen werden.

Gimpel

■ Körnerfresser wie Gimpel, Bluthänfling und Stieglitz, Birkenzeisig, Kernbeißer und Girlitz lassen sich sehr gut vergesellschaften.

Paarweise Haltung oder Vergesellschaftung?

Es kommt auf die Größe der Voliere und auf die Vogelarten an, ob eine paarweise Haltung oder eine Vergesellschaftung mit anderen Vögeln vorzuziehen ist. Die optimale Unterbringung ist wohl die paarweise Haltung in kleinen Zuchtvolieren.

Bluthänfling

Stieglitz

Ansonsten friedliche Vögel können besonders zur Brutzeit aggressiv gegen Volierenmitbewohner reagieren. Allein aus diesem Grunde sollten Sie Ihre Pfleglinge so häufig wie möglich beobachten, damit Sie bei allzu heftiger Streiterei eingreifen können. Manche Vogelarten wie den Gartenrotschwanz können Sie nur zur Brutzeit mit einem Partnervogel vergesellschaften. Gegen die meisten artfremden Vögel dagegen sind Gartenrotschwänze friedlich.

Bei paarweiser Haltung empfiehlt sich eine Voliere mit folgenden Mindestmaßen: 2 m Länge, 1 m Breite und 2 m Höhe, ein Schutzraum sollte sich anschließen. In diesen Volieren sind die Vögel ungestört und Sie als Pfleger können den Vögeln das Futter zuteilen, das sie benötigen. Wertvolles Lebendfutter zur Jungenaufzucht ist nämlich nicht nur bei dem jeweiligen Brutpaar begehrt, sondern wird auch von allen anderen Mitbewohnern gern gefressen. Sollten Sie sich entschließen, verschiedene Arten zu vergesellschaften, müssen Sie darauf achten, dass Sie nur untereinander verträgliche Arten zusammenhalten. Dann ist pro Vogelpaar eine Grundfläche von etwa zwei Quadratmetern einzuplanen.

> **TIPP**
> Um eine harmonische Gesellschaft von unterschiedlichen Vogelarten nicht zu zerstören, müssen Sie sich vor dem Kauf neuer Vögel über deren Verträglichkeit mit anderen Arten informieren.

Birkenzeisig

Girlitz

Kernbeißer

Rechte Seite:
Nicht nur der Gimpel
frisst gerne die Beeren
der Eberesche.

Ernährung und Gesundheit

Eine besondere Bedeutung bei der Haltung und Zucht von einheimischen Vögeln kommt der Ernährung zu. Die richtige Fütterung, das heißt artgerecht und abwechslungsreich, ist Grundlage für das Wohlbefinden und die Gesundheit Ihrer Pfleglinge. Neben einem Grundfutter sollten Sie den Speiseplan der Vögel mit Futter aus der Natur erweitern. Zur Jungenaufzucht sind solche Gaben unerlässlich.

Grundfutter für Körnerfresser

Ein Universal-Körnerfutter für Waldvögel ist nicht empfehlenswert. Oft enthalten diese Mischungen sehr hohe Anteile an Negersaat, Leinsamen und Rübsen. Diese Futterzusammenstellung wird von den Vögeln häufig nicht gern gefressen und berücksichtigt auch nicht die ganz speziellen Nahrungsbedürfnisse der einzelnen Arten.

> **TIPP**
> Um die Qualitäten der unterschiedlichen Saatenmischungen für bestimmte Vogelarten vergleichen zu können, besteht die Möglichkeit, sich von den Futtermittelhändlern kostenlose Futterproben schicken zu lassen.

Viele Futtermittelhändler sind dazu übergegangen, artspezifische Futtermischungen herzustellen. Diese Mischungen basieren auf den Erfahrungen erfolgreicher Züchter. Alle Futtermischungen enthalten wertvolle Bestandteile, die im handelsüblichen „Waldvogelfutter" kaum oder gar nicht enthalten sind.

Futtermischungen für Fichtenkreuzschnäbel enthalten unter anderem verschiedene Nadelbaumsaaten, Mischungen für Stieglitze sind mit Distel-,

Salat-, Nachtkerzensamen und anderen wertvollen Sämereien angereichert, Zeisigfutter enthält Birken- und Erlensamen.

Obwohl die Preise für diese Futtermischungen im Gegensatz zum handelsüblichen Waldvogelfutter etwas höher sind, ist es im Endeffekt trotzdem preiswerter, denn bei den artspezifischen Futtermischungen wird garantiert jedes Samenkorn gefressen. Bei den handelsüblichen Mischungen bleibt dagegen häufig mehr als die Hälfte übrig.

■ Mit einem Futter-reinigungsgerät kann das Körnerfutter von Spelzen befreit werden.

Grundfutter für Insektenfresser

TIPP
Um die Insekten fressenden Vögel an ein Weichfutter zu gewöhnen, geben Sie lebende Futtertiere, zum Beispiel Mehlwürmer hinzu. Sehr schnell lernen die Vögel dann von dem Weichfresserfutter zu nehmen.

Es gibt qualitativ sehr hochwertiges Fertigfutter für alle Insektenfresser im Handel als Trocken- und als Fertigmischung. Es ist schnabelgerecht und kann ohne weitere Zubereitung verfüttert werden. Das Trockenfutter hingegen muss vor der Verfütterung mit geriebenen Karotten, Obst, Quark, Hüttenkäse oder Fruchtsäften angemacht werden.

Hat man viele Vögel zu versorgen, lohnt sich die Selbstherstellung eines Weichfresserfutters. Um etwa 25 kg einer Trockenmischung herzustellen, werden folgende Zutaten benötigt: 500 g Bierhefe, 500 g zerkleinerte Haselnüsse, 500 g zerkleinerter Leinsamen, 500 g Mohn, 500 g Weizenkeime, 500 g Weizenkleie, 1 kg Welpenfutter in Pelletform, 1 kg Beoperlen, 1 kg Blütenpollen, 1 kg Gemüseflocken für Hunde, 1 kg geschälte und zerkleinerte Sonnenblumenkerne, 2 kg Kükenaufzuchtfutter, 2,5 kg Biskuit, z. B. Tortenboden oder Biskuitbruch (zerkleinert), 2,5 kg Fohlenaufzuchttrockenmilch, 2,5 kg Haferflocken, 2,5 kg Trauben-Nuss-Müsli (zerkleinert), 5 kg eines käuflichen Aufzuchteifutters.

Der Futtertisch muss wettergeschützt in der Voliere angebracht werden. Er sollte großzügig bemessen sein und leicht zu reinigen.

Zum Zerkleinern der verschiedenen Zutaten kann eine ausgesonderte Küchenmaschine verwendet werden. Je nach benötigter Menge wird etwas Hüttenkäse mit einem flüssigen Multivitaminpräparat, geriebener Karotte oder geriebenem Apfel vermischt. Anschließend wird soviel von der Trockenmischung hinzugegeben, dass nach dem Umrühren eine erdfeuchte, aber noch krümelige Masse entsteht. Das Weichfresserfutter wird am Abend vor der Verfütterung angemacht, damit die Feuchtigkeit über Nacht in alle Bestandteile der Trockenmischung einziehen kann. Dieses Futter wird von allen Insektenfressern sehr gerne aufgenommen. Der Aufwand der Herstellung eines Insektenfresserfutters lohnt sich allerdings nur, wenn man mehrere Vögel zu versorgen hat. Für ein oder zwei Paare sollte man auf ein käufliches Futter zurückgreifen.

Futter aus der Natur

Zusätzlich können Sie Ihren Vögeln sehr gutes, teilweise unentbehrliches Futter aus der Natur beschaffen, zum Beispiel verschiedene Wildkräuter, Knospen tragende Zweige, Beeren und Lebendfutter (siehe Seite 40). Vor dem Sammeln müssen Sie sich allerdings vergewissern, dass keine Unkrautoder Insektenvernichtungsmittel gespritzt wurden.

An dieser Stelle sollen nur die bei den Vögeln besonders beliebten Futterpflanzen aufgeführt werden. **Löwenzahn** zählt zweifelsfrei zu den begehrtesten Wildkräutern bei den heimischen Körnerfressern.

TIPP
Einige Wildkräuter eignen sich sehr gut zum Einfrieren. Auf diese Weise steht auch nach der eigentlichen Erntezeit die jeweilige Futterpflanze zur Verfügung.

Kurz bevor sich aus den Samenköpfen die Pusteblume entwickelt, sollten Sie die Flughaare mit einer Schere entfernen. Viele Arten, zum Beispiel Stieglitze, ziehen ihre Jungen überwiegend mit Löwenzahnsamen auf. Da die Hauptreifezeit im April und Mai liegt, können Sie sich einen Vorrat an Löwenzahnköpfen einfrieren. Sie haben dann auch zu einem späteren Zeitpunkt dieses gute Futter vorrätig. Einige Vogelarten fressen auch die zarten Blätter des Löwenzahns.

Wiesenpflanzen, die für Vögel geeignet sind:
1 Hirtentäschel
2 Löwenzahn
3 Melde
4 Knöterich
5 Kranzkraut
6 Vogelmiere

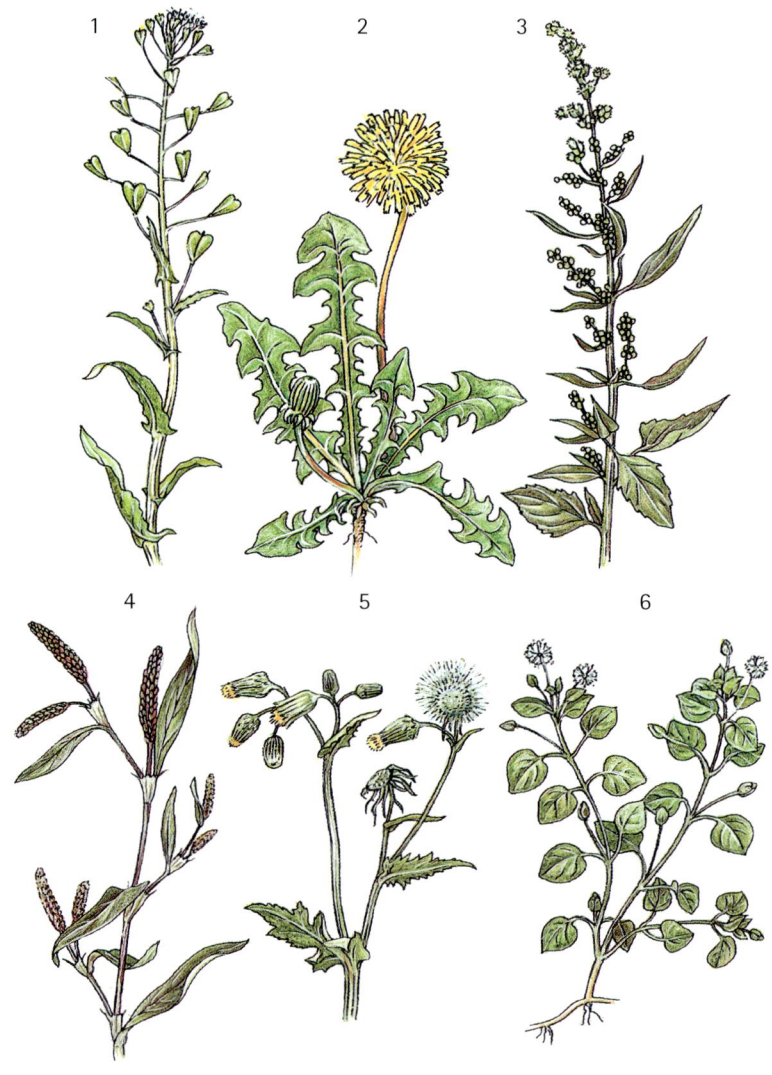

32

Ein weiteres hervorragendes, vielleicht sogar das beste Wildkraut für einheimische Vögel ist die **Vogelmiere**. Nicht nur die kleinen Samenkörner, sondern auch das Blattgrün wird ausgesprochen gerne gefressen. Vogelmiere ist fast das ganze Jahr hindurch zu finden. Auch das Aussäen oder Einpflanzen in der Voliere ist möglich; dabei verhindert ein Drahtkorb, dass die Pflanze gänzlich von den Vögeln verspeist wird. Die verschiedenen Ampferarten stellen ebenfalls ein hervorragendes Futter für fast alle einheimischen Körnerfresser dar. Von diesen Pflanzen werden nur die Samenstände gefressen, am liebsten im halbreifen Zustand. Hirtentäschelkraut ist besonders beim heimischen Girlitz sehr beliebt. Aber auch viele andere Arten bevorzugen diese Futterpflanze. Das Hirtentäschelkraut ist leicht an den herzförmigen Samentaschen zu erkennen. Weitere, bei den einheimischen Vögeln beliebte Wildkräuter sind Disteln, Kletten, Gräser, Wegerich, Knöterich, Beifuß, Kreuzkraut, Vergissmeinnicht, Stiefmütterchen und Brennnesseln. Um dieses gute Futter über mehrere Tage frisch zu halten, werden Wildkräutersträuße gebunden und in mit Wasser gefüllte Friedhofsvasen gestellt. So haben die Vögel tagelang frisches Futter aus der Natur und gleichzeitig eine Beschäftigung. Es ist schön anzusehen, wenn Stieglitze, Erlenzeisige und andere Finkenvögel in den **Kräutersträußen** herumklettern, um an das angebotene Futter zu gelangen.

■ Wegen seiner Vorliebe für Distelsamen wird der Stieglitz auch Distelfink genannt.

Neben den Wildkräutern sollten Sie den einheimischen Körnerfresser in den Frühjahrsmonaten Knospen tragende Zweige reichen. In freier Natur ernähren sich zu diesem Zeitpunkt viele Arten ausschließlich von Knospen. **Obstbaumzweige** werden besonders gerne benagt. **Obst** und **Gemüse** wird das ganze Jahr hindurch gefressen, wobei süße Äpfel, Birnen, Salatgurken und Chicorée bevorzugt werden. Nicht nur die Körnerfresser, sondern auch einige Weichfresser nehmen gerne Obst auf. Ein Beispiel hierfür sind die Mönchsgrasmücken. Sie fressen ganz besonders gerne Obst.

Im Sommer wird der Speiseplan für unsere Vögel noch reichhaltiger, denn dann beginnt die Zeit der Beerenernte. Nicht nur frisch gesammelt, sondern auch eingefroren und dann natürlich wieder aufgetaut, können Sie den Vögeln diese beliebten Früchte anbieten. Fast alle **Beerensorten** werden von vielen einheimischen Vögeln begierig gefressen. Beliebte Arten sind Holunder-, Ebereschen-, Weißdorn-,

Feuerdorn- und Ligusterbeeren. Aber auch kultivierte Arten wie Brom-, Him- oder Erdbeeren finden bei einigen Vogelarten großen Anklang. Sehr schnell werden Sie feststellen, welche Beerensorten von Ihren Vögeln bevorzugt gefressen werden. Das Fruchtfleisch und auch die Samenkörner werden sowohl von Körner- als auch von vielen Insektenfressern leidenschaftlich gerne verspeist.

Lebendfutter

Alle Insektenfresser und auch die meisten Körnerfresser benötigen tierische Nahrung. Besonders zur Aufzucht der Jungen sind die Vögel dabei auf große Mengen angewiesen. Für Sie als Pfleger ist es leider unmöglich, den Vögeln das Lebendfutter zu bieten, welches sie auch in der Natur aufnehmen würden.

Sie sollten versuchen, den Speiseplan Ihrer Pfleglinge so abwechslungsreich wie möglich zu gestalten. Futtertiere kann man kaufen, züchten und unter Umständen auch aus der freien Natur bekommen (siehe Seite 40).

TIPP Füttern Sie die tägliche Menge an Lebendfutter in mehreren Rationen über den Tag verteilt. Besonders zur Zeit der Jungenaufzucht ist es erforderlich, dass den Vögeln bereits bei Sonnenaufgang tierische Kost zur Verfügung steht. Entweder füttern Sie früh am Morgen oder geben die letzte Portion kurz bevor es dunkel wird. So ist sichergestellt, dass am Morgen bereits Lebendfutter zur Verfügung steht.

Mehlwürmer

Der Mehlwurm ist wohl das bekannteste Lebendfutter. Fälschlicherweise wird die Larve des Mehlkäfers "Mehlwurm" genannt. Der Begriff hat sich aber schon vor langer Zeit eingebürgert und soll nachstehend weiter benutzt werden. Früher wurde den Mehlwürmern nachgesagt, sie seien ein ungesundes Futter und verantwortlich für geschwollene Füße und andere Krankheitssymptome bei Vögeln. Wahrscheinlich lag die Ursache hierfür aber in den mangelhaften Aufzuchtbedingungen für die Mehlwürmer selber.

Gesund und ausgewogen ernährte und zudem mit einem Vitaminpräparat behandelte Mehlwürmer sind ein ausgesprochen gutes Futter. Sie werden von allen Insekten fressenden Vogelarten aufgenommen. Ohne den Mehlwurm wären viele, auch seltene, Nachzuchten nicht möglich. Mehlwürmer sind leicht zu beschaffen und mittlerweile zu recht günstigen Preisen erhältlich. Auch die Zucht ist durchaus lohnenswert.

Als Zuchtbehälter bieten sich Kunststoffstapelboxen an. Geeignete Deckel, ein Holzrahmen mit Gazebespannung, können Sie leicht selbst herstellen. Als „Zuchttiere" benötigen Sie eine ausreichende Anzahl von Mehlkäfern. Hierzu setzen Sie die entsprechende Stückzahl Mehlwürmer in eine vorbereitete Zuchtbox und warten bis sich diese verpuppt und anschließend in Käfer verwandelt haben. Eine Stapelbox, mit einer Größe von 50 cm x 40 cm Grundfläche, bei 30 cm Höhe, besetzen Sie mit etwa 500 Käfern. Die Zuchttemperatur soll konstant bei etwa 25 °C liegen.

Als Trockenfutter für die Käfer reichen Sie eine Mischung aus Weizenkleie, Hafer- und Hundeflocken. In diesem Substrat, das etwa bis zur Hälfte der Zuchtbox aufgefüllt wird, leben die Käfer. Obst- oder Gemüsestücke dienen als Feuchtfutter. Auch übrig gebliebenes Weichfutter unserer Vögel und Löwenzahnblätter werden von den Käfern gefressen. Das Feuchtfutter legen Sie oben auf das Trockensubstrat. Sie dürfen nur soviel Feuchtfutter geben, wie bis zur nächsten Fütterung verzehrt wird. Gefüttert wird durchschnittlich alle zwei Tage. Eine Lage Eierkartons dient den Käfern als Versteckmöglichkeit.

Etwa vier Wochen nach dem Einsetzen der Käfer sieben Sie das Trockensubstrat mit einem Haushaltssieb. In dem ausgesiebten Substrat befinden sich nun die ersten kleinen Mehlwürmer. Im Sieb befinden sich grobes Substrat und die Käfer. Die jungen Mehlwürmer werden genau wie die Käfer ernährt. Nach etwa zwölf Wochen sind sie ausgewachsen und verpuppen sich. Wenn Sie nun mehrere Zuchtbehälter mit Mehlwürmern ansetzen, haben Sie diese immer in verschiedenen Größen vorrätig. Sie müssen jeweils einige Mehlwürmer zurückhalten, die sich dann verpuppen können. Mehlwürmer sind sehr gute „Fresser". Alle paar Wochen muss das Futtersubstrat ausgetauscht werden. Auf dem Boden der Mehlwurmbox erkennt man eine mehr oder weniger dicke Schicht Mehlwurmkot, der bei dieser Gelegenheit natürlich auch entsorgt wird.

Wenn Sie Mehlwürmer nicht selber züchten wollen, bietet es sich an, so genannte „Minimehlwürmer" zu erwerben. Diese wenige Tage alten Larven können Sie dann selber großziehen und haben die Gewißheit, dass sie gesund ernährt wurden. In regelmäßigen Abständen gekauft, haben Sie ständig Mehlwürmer in allen Größen vorrätig. Für alle Lebendfuttertiere, die Sie auf Vorrat halten oder züchten, gilt der Merksatz: „Das Futtertier ist, was es frisst!"

Mehlwürmer sollten an die Vögel verfüttert werden, bevor sie ausgewachsen sind. Vor dem Verfüttern reichern Sie die vorgesehene Menge mit einigen Tropfen Olivenöl an. Anschließend bestäuben Sie

Der Mehlkäfer in verschiedenen Stadien: Käfer, Larven und Puppen.

die Futtertiere mit einem Vitamin-Mineraliengemisch, bestehend aus einem Multivitaminpulver, Vogelkalk und Bierhefe. Den Vögeln werden die Futtertiere in glattwandigen Schalen mit mindestens 4 cm Höhe angeboten. Sie können die Mehlwürmer auch unter das Weichfutter mischen.

Getreideschimmelkäferlarven

Die Larven des Getreideschimmelkäfers sind auch unter dem Namen „Buffalos" bekannt. Die Haltung und Zucht gleicht etwa der des Mehlwurms. Die Entwicklungszeit bei diesem Futtertier ist im Gegensatz zum Mehlkäfer wesentlich kürzer. Da die Buffalos keinen Chitinmantel besitzen, sind sie sehr wertvolle Futtertiere und werden von allen Insektenfressern verzehrt.

Fruchtfliegen

Fruchtfliegen sind bei vielen Vogelarten, besonders während der Aufzucht der Jungen, sehr beliebt. Sie können Fruchtfliegen züchten oder mit Obstabfällen in die Voliere locken: In einen Plastikeimer, der eine Lage Heu enthält, geben sie verschiedene Obstabfälle, und dann stellen Sie diesen in die Voliere. Es ist ratsam, den Eimer mit einem Drahtgeflecht abzudecken. An warmen Tagen stellen sich automatisch Fruchtfliegen in großer Zahl ein. Sie werden von dem gärenden Obst angelockt.

■ Zuchtgefäß für Fruchtfliegen.

Wenn Sie Fruchtfliegen züchten, haben Sie das ganze Jahr hindurch dieses gute Futter vorrätig. Mittlerweile gibt es eine flugunfähige Zuchtform der Fruchtfliege. Für die Zucht ist diese Fliege besonders vorteilhaft. Als Zuchtbehälter eignen sich alle Glas- oder durchsichtigen Kunststoffgefäße. Die Gläser sollten einen halben Liter Fassungsvermögen nicht überschreiten. Der Handel bietet bereits ein Futtersubstrat für Fruchtfliegen an. Dieses wird mit Wasser angerührt und versorgt die Fliegen und damit auch die Vögel mit allen lebenswichtigen Stoffen.

Der Fruchtfliegenansatz, bestehend aus etwa 200–300 Fliegen, wird in ein vorbereitetes Zuchtgefäß gegeben. Dazu wird etwa 3 cm hoch das Futtersubstrat und anschließend etwas Holzwolle in das Glas gegeben. Dann können die Fruchtfliegen eingesetzt werden. Das Glas wird mit einem Stück Feinstrumpfhose und Gummiring verschlossen. Die Fliegen legen Eier ab und kurz darauf schlüpfen die winzigen Maden, die sich rasch verpuppen. Aus den Puppen schlüpfen dann die Fliegen. Nach acht Tagen werden die Fliegen zum Eierablegen in ein frischen Glas umgesetzt. Um täglich eine gewisse Anzahl Fruchtfliegen zur Verfügung zu haben, sollten mehrere Zuchtgläser parallel angesetzt werden.

Aus einem Ansatz können Sie innerhalb weniger Monate mehrere hundert Gläser Fliegen züchten. Eine Zuchttemperatur von etwa 20 °C ist ausreichend. Zum Verfüttern können Sie die Fliegen in einen Eimer geben, aus dem die Fliegen langsam herauskrabbeln. Manche Insektenfresser lieben es, Fruchtfliegen zu erhaschen, die in eine Schüssel Wasser gegeben wurden. Sie können die Fliegen aber auch einfach auf den Volieren- oder Käfigboden schütten.

Heimchen

Die meisten einheimischen Insektenfresser fressen gerne Heimchen. Besonders beliebt sind kleine oder halbwüchsige Exemplare. Aber auch ausgewachsene Vertreter dieser Grillenart werden geschickt von den Vögeln gefangen, zerlegt und verspeist.

Für die Heimchenzucht eignen sich Kunststoffstapelboxen. Die Zucht der Heimchen ist nicht nur äußerst ergiebig, sondern auch sehr interessant. Der Deckel der Zuchtboxen muss einen Ausschnitt zur

Heimchen erhält man im Handel in kleinen Kunststoffboxen.

37

Belüftung aufweisen. Dieser sollte mit Metallfliegendraht versehen sein. Als Trockenfutter reichen Sie den Grillen Kükenaufzuchtfutter in Mehl- oder Pellettform. Grünfutter deckt den Wasserbedarf der Tiere. Löwenzahn, Vogelmiere oder Obststücke bieten sich in erster Linie als Feuchtfutter an.

Versteck- und Klettermöglichkeiten schaffen Sie durch Eierkartons. Ein etwa 8 cm hohes, mit einer feuchten Mischung aus Blumenerde und Sand gefülltes Plastikgefäß, dient als Eiablagebehälter. Diese Mischung sollte ständig feucht gehalten werden. Bereits nach 10 bis 14 Tagen können Sie den Eiablagebecher in eine neue Zuchtbox stellen, da dann aus den kleinen Eiern die ersten Jungen schlüpfen. Wenn Sie vier bis fünf Zuchtbehälter einsetzen, haben Sie immer Heimchen in verschieden Größen zur Verfügung.

Zur erfolgreichen und ergiebigen Zucht benötigen Heimchen ein konstante Temperatur von etwa 30 bis 33 °C. Diese erreichen Sie am besten in einem Wärmeschrank. Ein ausgedienter Kühlschrank mit einigen Belüftungslöchern und einer Glühbirne als Wärmequelle eignet sich ausgezeichnet für diesen Zweck. Um die Temperatur gleichmäßig halten zu können, ist der Einsatz eines Thermostates ratsam. Je nach Größe kann ein Wärmeschrank zwei bis vier Zuchtbehälter aufnehmen.

Vor dem Verfüttern an die Vögel sollten Sie die Heimchen einer Temperatur von unter 15 °C aussetzen, da sich dann ihre Bewegungsabläufe verlangsamen und sie so nicht entweichen können.

Wachsmotten

Wachsmotten sind Schädlinge in Bienenstöcken. Neben der Kleinen kommt noch die Große Wachsmotte vor. Beide Arten eignen sich sowohl als Larve wie auch als Motte hervorragend als Zusatzfutter für alle Insekten fressenden Vögel. Die Zucht ist lohnenswert und bereitet keine größeren Umstände, allerdings brauchen Sie größere Gefäße.

Die ideale Zuchttemperatur ist etwa 30 °C. Die Zuchtbehälter benötigen einen festschließenden Deckel. Ein Lüftungsschlitz aus Metallfliegengitter sorgt für nötige Frischluftzufuhr. Geeignete Behälter für diese Insekten sind Eimer, Dosen oder Kunststoffterrarien. Die Ausstattung des Zuchtbehälters besteht aus alten Bienenwaben, da diese als Nahrung und Versteckmöglichkeit für die Larven und Motten dienen.

Alte Bienenwaben und manchmal auch Wachsmotten bekommen Sie bei einem verständnisvollen Imker. Zuchtansätze in Form von Wachsmottenlarven können über versierte Futtertierhändler erstanden werden. Ist es Ihnen nicht möglich, an alte Bienenwaben zu gelangen, können Sie ein Ersatzfutter selber zubereiten oder Fertigfutter kaufen. Über die Herstellung eines Wachsmottenfutters findet man Hinweise in der einschlägigen Literatur.

Pinkymaden

Pinkys sind die Larven der Schmeißfliege und Sie können sie über Angel- und Zoofachgeschäfte beziehen. Sie können als Larve, als Puppe oder später als Fliege verfüttert werden. Vorzugsweise werden abgekochte Pinkys gefressen. Dazu müssen Sie die Maden einige Sekunden in kochendes Wasser geben, anschließend werden sie unter kaltem Wasser abgeschreckt. Zum Trocknen breiten Sie die Pinkys auf Haushaltstüchern aus. Nach einigen Stunden können Sie die Maden portionsweise einfrieren.

Nach kurzer Gewöhnungszeit nehmen nicht nur die Weichfresser, sondern auch einige Körnerfresser dieses Futter an. Bei Lebendfütterung sollten Sie die Maden im Kühlschrank aufbewahren, da sie sich sonst rasch verpuppen. Einige Vogelarten, so zum Beispiel die Bachstelzen, ziehen abgekochte Pinkys allen anderen Futtertieren vor.

Enchyträen

Enchyträen sind bindfadendünne, kleine, weißliche, sehr fetthaltige Würmchen, die von vielen Vögeln gern gefressen werden. Zuchtansätze können Sie über den Futtermittelfachhandel bekommen. Als Zuchtbehälter können etwa 10 bis 12 cm hohe Holz- oder Kunststoffbehälter benutzt werden. Sie füllen die Zuchtbehälter zu zwei Dritteln mit Wald- oder Lauberde. Nachdem der Zuchtansatz eingesetzt wurde, wird dieser mit etwas Erde bedeckt. In Karottensaft eingeweichtes Weißbrot eignet sich als Nahrungsquelle und wird auf die Oberfläche der Erde gelegt.

Um ständig Enchyträen zur Verfügung zu haben, sollten Sie mehrere Zuchtbehälter einsetzen. Bei etwa 22 bis 23 °C gedeiht die Zucht am besten. Die Zuchtbehältnisse müssen dunkel stehen. Die Erde darf nie austrocknen, sondern muss stets feucht, aber nicht nass gehalten werden.

Lebendfutter aus der Natur

Um an Lebendfutter aus der Natur zu kommen, können Sie allerlei Methoden anwenden. Hierbei sind die gesetzlichen Bestimmungen zu beachten, denn geschützte Tierarten dürfen nicht gefangen werden.

Eine sehr ergiebige, aber zeitaufwändige Möglichkeit ist das Abkeschern von Wiesen. Auf diese Weise erhalten Sie das so genannte Wiesenplankton. Mit einem feinmaschigen Kescher, mit einer Öffnung

39

von mindestens 30 cm Durchmesser und einem Netz von etwa 50 cm Länge, ist es ein Leichtes, von Wiesen, Feldern und Wegrändern eine Vielzahl von Insekten, deren Larven, Spinnen und anderes Getier zu fangen.

Besonders Schilf- und Brennessel-bestände garantieren hohe Fangquoten. Die Insekten werden in einer verschließbaren Plastikdose für kurze Zeit im Kühlschrank aufbewahrt. Dadurch sind sie für einige Minuten flugunfähig und können von den Vögeln leicht erhascht werden. Das Wiesenplankton können Sie auch auf Vorrat fangen und es dann einfrieren.

Das Sammeln von Wiesenplankton ist zwar mühsam, aber wohl das beste Lebendfutter für unsere Insekten fressenden Vögel.

Eine weitere natürliche Nahrungsquelle ist die Klopfbeute. Ein ausgedienter Regenschirm wird aufgespannt an einen Ast gehängt und anschließend wird der Ast abgeklopft oder geschüttelt. Viele Insekten und anderes Getier wird in den Schirm fallen und kann anschließend in ein Plastikgefäß gefüllt werden. Die Verabreichung der Klopfbeute an die Vögel erfolgt wie beim Wiesenplankton.

Mit einer Insektenlichtfalle können Sie besonders in warmen und lauen Sommernächten beachtliche Erfolge erzielen. Lichtfallen können in verschiedenen Ausführungen bezogen oder auch selber gebaut werden. Bauanleitungen wurden schon des öfteren in der Fachliteratur beschrieben.

Blattläuse gibt es in vielen verschiedenen Gattungen. Befallene Pflanzenteile können Sie in die Voliere oder den Käfig geben. Die Vögel werden diese begierig abernten. Besonders zur Aufzucht der Jungen nehmen auch viele Körnerfresser wie Stieglitz, Gimpel und Erlenzeisig dieses beliebte Futter auf. Disteln, Rosen und Holunder sind besonders häufig befallen.

TIPP

Geben Sie Ihren Vögeln Zweige und Pflanzenteile, die mit Blattläusen besetzt sind, als Futterquelle in die Voliere.

 Braunkehlchen

Durch guten Kontakte zu einem Imker können Sie die bei Vögeln begehrte Drohnenbrut, die für den Imker wertlos ist, beschaffen. Die Waben mit den Drohnen werden komplett für wenigstens eine Woche tiefgefroren. Dann können Sie die Waben mit den Händen zerreiben und anschließend die Drohnen portionsweise einfrieren.

Ameisenpuppen sind im Fachhandel erhältlich. Aber auch das Abernten von Ameisennestern ist lohnend. Achten Sie aber bitte darauf, dass es sich nicht um eine geschützte Ameisenart handelt. An warmen Sommertagen können große Mengen gesammelt werden.

Unter Gehwegplatten, Steinen, an Bahndämmen oder auf Wiesen kann man genügend Ameisenvölker ausmachen. Ameisenpuppen können frisch gesammelt, eingefroren oder getrocknet verfüttert werden. Viele Insektenfresser nehmen auch gerne Ameisen auf. Die Puppen der Ameisen eignen sich für die meisten Körnerfresser als hervorragendes Aufzuchtfutter.

Keimfutter

Keimfutter ist für die erfolgreiche Aufzucht von fast allen Körnerfressern unerlässlich. Durch das Keimen werden die Sämereien zu einem vitaminreichen und somit wertvollen Futter, das zudem von den Vögeln mit Vorliebe aufgenommen wird.

Zur Fütterung sollten die Körner gerade aufgesprungen sein, und die Keime etwa einen Millimeter herausstehen. Wenn Sie nun jeden Tag eine

Verschiedene Sämereien können zu Keimfutter verarbeitet werden.

Folgende Methode zur Herstellung des Keimfutters hat sich bewährt:
- Sie benötigen drei Plastikschüsseln und ein feinmaschiges Küchensieb.
- Die notwendige Menge Saaten geben Sie morgens in eine mit Wasser gefüllte Schüssel. Am Nachmittag schütten Sie das Futter in das Sieb und spülen es gut durch. Nun müssen Sie schauen, dass möglichst viel Flüssigkeit abtropft. Die Sämereien sind nun gequollen.
- Das gesiebte Futter geben Sie zurück in die gereinigte Schüssel. Das Keimfutter sollten Sie an den Seiten der Schüssel hochziehen, damit es gleichmäßig trocknet.
- Am Nachmittag des zweiten Tages rühren Sie das Futter durch und es bleibt dann noch einen Tag in der Schüssel, wobei es wieder an den Seiten zum Trocknen hochgezogen wird. Die Keime werden sichtbar.
- Am dritten Tag können Sie das Keimfutter verfüttern. Bei höherer Temperatur ist es auch schon möglich, das Futter am zweiten Tag zu geben.

■ Wasserbecken „Marke Eigenbau" mit integriertem Ablauf.

Schüssel Keimfutter ansetzen und das eben erwähnte Verfahren nutzen, haben Sie täglich frisches zur Verfügung. Sie sollten das Keimfutter in einer flachen Schale anbieten, damit es nicht zur Fäulnisbildung kommt. Es gibt im Handel bereits Keimfuttermischungen, die auf die jeweilige Vogelart abgestimmt sind.

Trink- und Badewasser

Frisches Trink- und Badewasser muss den Vögeln grundsätzlich immer zur Verfügung stehen. Bei höheren Temperaturen steigt das Badebedürfnis, und die meisten Vögel baden viel und ausgiebig. Da sie vor dem Baden immer von dem Wasser trinken, ist es ratsam, das Wasser vor allem in der warmen Jahreszeit mehrmals täglich zu wechseln.

Vitamine, Mineralien, Spurenelemente und andere Grundstoffe

Bei abwechslungsreicher und artgerechter Fütterung treten kaum Mangelerscheinungen bei den Vögeln auf. Vitamine werden überwiegend durch das Futter aufgenommen und sind für zahlreiche Funktionen des Organismus eines Vogels notwendig. Erhöhter Vitaminbedarf entsteht beispielsweise im Krankheitsfall, während der Mauser oder zur Brutzeit. In diesen Fällen können Sie gegebenenfalls mit einem im Handel erhältlichen Vitaminpräparat unterstützend eingreifen.

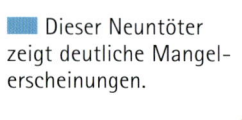

■ Dieser Neuntöter zeigt deutliche Mangelerscheinungen.

Mineralstoffe und Spurenelemente sind unter anderem in Kalk- und Taubensteinen, in Sepiaschalen sowie ähnlichen Futterzusatzstoffen enthalten. Um Mangelerscheinungen vorzubeugen, sollten Ihren Vögeln diese Futterergänzungsmittel stets zur Verfügung stehen. Eiweiß wird den Vögeln vorwiegend durch die Gaben von Lebend- und Weichfutter verabreicht. Ein höherer Eiweißbedarf entsteht während der Jungenaufzucht oder der Mauser. Eiweiß ist, ebenso wie die bereits genannten Grundstoffe, ein wesentlicher Baustoff für den Organismus.

Frei lebende Vögel sind hauptsächlich zur kalten Jahreszeit auf Energiespender angewiesen. Fette und Kohlenhydrate werden dann vermehrt aufgenommen. Unsere Volierenvögel mögen solche Nahrung auch, nur sind sie nicht der Belastung der frei lebenden Vögel ausgesetzt. Deshalb sollten Sie Futterstoffe, die hohe Fettanteile beinhalten, in Maßen reichen. Verschiedenes Lebendfutter und Nüsse enthalten relativ viel Fett. Kohlenhydrate sind vor allem in Obst, Gemüse und Beeren enthalten.

Krankheiten und Verletzungen vorbeugen und heilen

Ein wesentlicher Faktor bei der Haltung von Vögeln ist das Beobachten. Ein Züchter, der seine Vögel kennt, der das jeweilige Verhalten richtig einschätzen kann, ist in der Lage, bei Bedarf einschreiten zu können. Ob er nun aggressive Vögel von der Gruppe trennt, ob er Jungvögel absetzt oder ob er erkennt, dass sich ein Vogel nicht wohl fühlt. Schnelles Handeln ist eigentlich immer erforderlich. Sobald Sie also bemerken, dass ein Vogel kränkelt, müssen Sie eingreifen.

Kescher, Ringschere, Krallenschere und Eierdurchleuchter sind wichtige Utensilien für den Vogelhalter.

Das Einfangen der Vögel sollten Sie mit einem feinmaschigen Kescher vornehmen. Die Öffnung des Keschers, sie besteht im Regelfall aus Metall oder Kunststoff, sollte mit Schaumstoff oder weichem Stoff versehen sein, damit es beim Einfangen der Vögel nicht zu Verletzungen kommt. Der Fachhandel bietet diese Kescher in verschiedenen Größen.

Bei artgerechter Unterbringung und Fütterung, bei Haltung in sauberen Gehegen und bei Stressvermeidung sollte es kaum gesundheitli-

43

Wenn die Vögel sich wohl fühlen, brüten und ziehen sie ihre Jungen ohne Probleme auf.

che Probleme bei den einheimischen Vögeln geben. Dennoch kann es hin und wieder zu Verletzungen, Krankheiten oder Verhaltensstörungen kommen.

Bereits vor der Anschaffung der Vögel ist es gut, sich um einen „vogelerfahrenen" Tierarzt zu bemühen, den Sie im Notfall aufsuchen können. Einige relativ häufig vorkommende Krankheiten oder Verletzungen können Sie mit ein wenig Erfahrung allerdings auch selbst heilen. Es sind gute Bücher über die Behandlung von Vogelkrankheiten im Handel erhältlich. An dieser Stelle sollen einige Verletzungen und Krankheiten angesprochen werden, die vom Pfleger selber geheilt oder zumindest erkannt werden können.

TIPP
Legen Sie sich eine **Vogel-apotheke** an. Grundausstattung: Krallenschere, Ringschere (zum entfernen eingewachsener Ringe), Eisenchlorid, Pipette, Pinzette, Futterspritze.

Verletzungen kommen am häufigsten in Form von Brüchen oder blutenden Wunden vor. Kleine blutende Stellen können meistens mit Eisenchloridwatte sehr schnell gestillt werden und brauchen dann nicht weiter verbunden werden. Größere Verletzungen sollten Sie vom Tierarzt behandeln lassen. Verletzungen, die durch Raubzeug verursacht werden, sind oft erheblich und führen meist zum Tode. Aus diesem Grunde ist eine Doppelverdrahtung der Voliere und das Anbringen eines elektrischen Weidezauns eine geeignete Maßnahme, um diese Gefahr erheblich einzuschränken.

Knochenbrüche werden hin und wieder durch unsachgemäßes Einfangen des Vogels durch den Pfleger selbst verursacht. Aber auch im Dunkeln aufgeschreckte Vögel können sich rasch durch den Aufprall am Gehegegitter verletzen. Brüche heilen sehr schnell. Um eine effektive Gesundung zu ermöglichen, sollten die gebrochenen Extremitäten in die Ausgangslage gebracht und fixiert werden. Gebrochene Flügel können mit Hilfe einer schmalen, dünnen Binde am Körper befestigt werden. Gebrochene Beine können zum Beispiel mit einem Plastikstrohhalm fixiert werden: Der Strohhalm wird dazu aufgeschnitten, um das Bein gelegt und anschließend mit Klebeband wieder verschlossen. Den versorgten Vogel geben Sie in einen Käfig ohne Sitzstangen und lassen ihn hier für etwa 14 Tage. Danach können die Schiene und der Verband entfernt werden. Offene Brüche sind schwer zu heilen. In diesem Fall sollten Sie sich an den Tierarzt wenden.

Übermäßiger Krallen- und Schnabelwuchs kann den Vogel erheblich behindern. Mit einer speziellen Krallenschere, einer Nagelschere oder einem Nagelkneifer, können Sie die Krallen oder den Schnabel wieder auf die natürliche Länge zurückschneiden. Dabei müssen Sie darauf achten, dass die Blutbahnen nicht beschädigt werden. Insofern ist es ratsam, sich die Prozedur von einem Tierarzt erst einmal zeigen zu lassen.

Vorbeugen ist besser als heilen. Das gilt auch für **Fußkrankheiten**. Oft hört man, dass eine zu reichliche Gabe von Mehlwürmern Schuld an Fußgeschwüren sei. Wenn Sie die Mehlwürmer gut und ausgewogen ernähren und zudem vor der Verfütterung mit etwas Olivenöl benetzen, um sie dann mit einem Vitamin-Mineraliengemisch zu bepudern, sind Mehlwürmer auch bei großzügiger Verabreichung nicht schädlich.

Sind Wunden an den Füßen verkrustet, sollten Sie diese täglich in einem Kamillenbad reinigen und anschließend mit einer Wundsalbe, die der Tierarzt empfiehlt, einreiben. Bis zur völligen Ausheilung müssen Sie den Vogel in einem mit Papiertüchern ausgelegten Einzelkäfig setzen.

Hin und wieder leiden zumeist junge Weibchen an **Legenot**. Legenot ist zwar keine Krankheit, aber wenn der Pfleger nicht rechtzeitig geeignete Maßnahmen ergreift, kann es zum Tode des Vogels führen. Setzen Sie das Weibchen in einen kleinen Kasten unter eine Wärmequelle, die etwa 30 °C

Kränkelnde Vögel, hier ein Stieglitz, müssen sofort behandelt werden.

TIPP

Weichfresser sind anfälliger für Fußkrankheiten als Körnerfresser. Ein sauberer Bodenbelag sowie saubere Sitzstangen schränken die Gefahr von Fußkrankheiten bereits erheblich ein.

abstrahlt. Um unterstützend einzugreifen, massieren Sie den unteren Bauch des Vogels mit leicht erwärmtem Baby- oder Olivenöl. In den meisten Fällen legt das Weibchen nach dieser Behandlung das Ei ab. Zu einer Fortsetzung der Brut kommt es dann meistens nicht, weil sich der Vogel von den Strapazen erholen muss. Eine vitamin- und kalkreiche Ernährung ist die beste Vorsorge gegen Legenot.

Parasiten können in zwei Formen auftreten. Zum einen als Ektoparasiten, diese Form lebt außen am Vogel, zum anderen als die im Vogelkörper lebenden Endoparasiten.

Gegen Grabmilben sind besonders Kreuzschnäbel und Gimpel anfällig. Grabmilbenbefall erkennt man an Krusten im Bein- und Fußbereich sowie an kahlen Stellen in der Gesichtsgegend. Grabmilben leben in den Hornteilen der Vögel und verursachen die so genannten Kalkbeine. Die befallenen Stellen können mit speziellen Mitteln gegen Grabmilben bestrichen werden. Sollten Sie noch Restbestände des mittlerweile nicht mehr erhältlichen Mittels Odylene besitzen, erzielt dies wohl die besten Erfolge. Die Vögel sollten drei bis fünf Tage behandelt werden. Anschließend reiben Sie die abgeheilten Bereiche mit Vaseline, Melkfett oder ähnlich hautschonenden Salben ein. Die Beine werden wieder glatt und geschmeidig. Saubere Sitzstangen beugen dem Befall der Grabmilben vor.

■ Von Graumilben befallener Vogelfuß.

TIPP

Durch regelmäßige Kotuntersuchungen können Sie einen Kokzidienausbruch bei ihren Vögeln verhindern.

Die bekannte Kokzidiose wird durch Sporentierchen, Kokzidien genannt, hervorgerufen. Die Infektion erkennt man an unterschiedlichen Symptomen. Durchfall, oft starke Abmagerung, Lustlosigkeit, gesträubtes Gefieder oder durch die Bauchdecke sichtbar geschwollene Därme zeugen von einer solche Infektion. Akut erkrankte Vögel sind kaum zu retten. Eine gewisse Anzahl von Kokzidien und deren Eier hat jeder Vogel in seinem Körper. Wenn nun eine bestimmte Menge überschritten wird, bricht die Krankheit aus. Mit einer Esb3-Kur können Sie sehr gute Erfolge erzielen. Esb3 kann zur Behandlung und auch zur Vorbeugung eingesetzt werden. Das Medikament müssen Sie genau nach Anweisung des Tierarztes verabreichen. Um vorzubeugen, ist ein hohes Maß an Hygiene sehr wichtig. Futterstellen müssen Sie unbedingt sauber und trocken halten. Regelmäßige Kotproben auf Kokzidienbefall verhindern Verluste, denn Sie können entsprechend des Befundes frühzeitig handeln. Neuzugänge sollten Sie vor dem Einsetzen einige Tage in Quarantäne nehmen, bevor Sie sie zu den anderen Vögeln setzen. Oft sind Neuzugänge der Auslöser von Kokzidiose in einem Vogelbestand.

Die zu den Endoparasiten gehörenden Luftsackmilben erkennen Sie am Prusten, Würgen oder Husten des Vogels, wodurch er versucht, die Milben loszuwerden. Durch das teilweise Aushusten der Milben gelangen diese unter Umständen in andere Vögel. Den infizierten Vogel müssen Sie deshalb sofort von der übrigen Vogelgesellschaft trennen. Bei leichtem Befall ist der Vogel meistens zu retten. Die Behandlung sollte aber dem Tierarzt vorbehalten bleiben. Bei einer akuten Erkrankung ist auch der Tierarzt machtlos. Der Vogel wird ersticken müssen.

Ähnliche Krankheitssymptome können beim Befall durch Luftröhrenwürmer beobachtet werden. Der Vogel schüttelt den Kopf, hustet oder hat Atembeschwerden. Vom Vogel ausgehustete Eier werden heruntergeschluckt und mit dem Kot ausgestoßen. Zwischenwirte wie Regenwürmer, Schnecken oder Tausendfüßer nehmen diese auf. Durch das Fressen dieser Zwischenwirte werden wiederum andere Vögel infiziert. Die Behandlung sollten Sie vom Tierarzt durchführen lassen. Je eher Sie ihn aufsuchen, um so größer ist die Heilungschance.

> **TIPP**
> Wie immer gilt: Hygiene in allen Bereichen bietet die beste Vorsorge. Auch sollten die möglichen Zwischenwirte der Luftröhrenwürmer, also Schnecken, Regenwürmer oder Tausendfüßer, nicht verfüttert werden.

Nicht zu unterschätzen ist die Rote Vogelmilbe. Diese Milbenart lebt tagsüber versteckt in Ritzen, Spalten oder im Nistmaterial. Nachts saugen die Milben bei den Vögeln Blut. Besonders Nestlinge können innerhalb kurzer Zeit an Blutarmut verenden. Mit Blut vollgesaugte Milben sind gut zu erkennen, da sie wie kleine rote Punkte aussehen. Milben vermehren sich rasend schnell. Innenräume können durch den Einsatz von Mafu-Strips milbenfrei gehalten werden. Diese werden im Raum aufgehängt und die austretenden Gase vernichten sämtliches Ungeziefer.

In Räumen, in denen neben den Vögeln auch Futtertiere gehalten werden, dürfen diese Mittel nicht eingesetzt werden! Sie sollten die Futtertiere in diesem Falle für einige Zeit ausquartieren.

Vorsorglich können Sie das Nistmaterial mit einem Milben-Spray oder Puder behandeln. Nester sollten Sie vor dem Schlüpfen der Jungtiere mit einen Milbenpuder einstäuben. Sie garantieren so, dass die Jungvögel nicht unter den Vogelmilben leiden. Kontrollen der Jung- und Altvögel auf Milbenbefall gehören zu den regelmäßigen Aufgaben eines Züchters. Die gleichen Vorbeuge- und Behandlungsmaßnahmen helfen auch beim Befall durch Federlinge. Sie können den Vögeln sehr zusetzen. Wie bei der Roten Vogelmilbe erkennen Sie den Befall unter anderem am unruhigen Verhalten der Vögel.

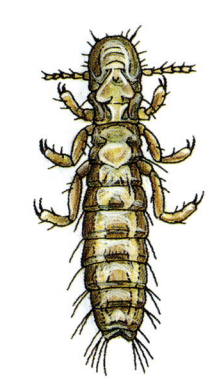

Milbe (oben) und Federling.

Zucht

Die Krönung bei der Haltung von Vögeln ist die Zucht. Heimische Singvögel wurden bis vor wenigen Jahren hauptsächlich wegen ihres Gesanges gehalten. Wenige Halter beschäftigten sich intensiv mit der Zucht. Es bestand ja die Möglichkeit, sich jederzeit draußen einen neuen Vogel zu fangen. Diese Zeiten haben sich geändert. Es dürfen keine europäischen Singvögel mehr der Natur entnommen werden. Deshalb sind Züchter und Liebhaber auf Volierenzuchten angewiesen. Zudem ist es natürlich interessant, die Vögel im Laufe des Jahres zu beobachten und ihnen bei der Balz, dem Nestbau und schließlich bei der Jungenaufzucht zuzuschauen.

Voraussetzungen

■ Nistkörbchen gibt es in verschiedenen Aus-führungen.

Um erfolgreich einheimische Vögel zur Nachzucht zu bewegen, müssen einige grundsätzliche Voraussetzungen erfüllt sein. Eine ist die optimale Unterbringung. Das Zuchtpaar sollten Sie allein oder zumindest in Gesellschaft mit friedfertigen anderen Vogelarten halten. Die Einzelhaltung der Brutpaare bringt aber die größeren Erfolge. Dass Sie dabei nur gesunde und vitale Vögel einsetzen, sollte selbstverständlich sein.

Bei den meisten Arten ist eine „Liebesverpaarung" anzustreben. Bei einer Zwangsverpaarung ist der Zuchtversuch oftmals zum Scheitern verurteilt. Kreuzschnabelweibchen zum Beispiel zeigen sich sehr wählerisch. Oft wird erst das zweite, dritte oder gar vierte Männchen akzeptiert. Bei einer Haltung von mehreren Männchen und Weibchen in einer Voliere haben die Paare genügend Gelegenheit, sich zu finden. Die einzelnen Paare können anschließend in die vorgesehenen Zuchträume umquartiert werden. Aus solchen Liebesverpaarungen bringen oft die besten Zuchtergebnisse. Diese Methode gelingt allerdings nicht bei allen Vogelarten. Außerdem ist es im Allgemeinen nicht möglich, mehrere Vögel einer Art so unterzubringen, dass sie sich nicht gegenseitig ins Gehege kommen. In diesem Fall greifen Sie dann auf die Zwangsverpaarung zurück. Das bedeutet, dass Sie das Ihnen zur Verfügung stehende Paar in einem entsprechenden Zuchtraum unterbringen müssen.

Eine artgerechte und ausgewogene Ernährung muss auch außerhalb der Brutzeit gewährleistet sein, denn ist der Vogel zu Beginn der Brutzeit nicht in ausreichender Kondition, ist er für die bevorstehende

TIPP
Bei der Zucht sollten Sie bedenken, dass Sie zusätzliche Unterbringungsmöglichkeiten für von den Elterntieren abzusetzende Jungvögel bereithalten müssen. Sonst kann es zu Stress und Revierstreitigkeiten kommen.

Zuchtsaison nicht tauglich. Wenn neben allen anderen Voraussetzungen noch das Gehege der Vögel dem Biotop seiner frei lebenden Artgenossen angepasst und das richtige Aufzuchtfutter für die Jungvögel bereit ist, steht einer erfolgreichen Zucht nichts mehr im Wege.

▨ Von vielen heimischen Singvögeln werden gerne mit Koniferen verkleidete Kaisernester als Nisthilfen genommen. Dazu werden Zweige als Sichtschutz an das käufliche Holzkaisernest angebracht. Als Werkzeuge brauchen Sie nur eine Astschere und einen Tacker.

Nistgelegenheiten und Nistmaterial

Zur Fortpflanzung nehmen die meisten einheimischen Singvögel in Menschenobhut Nisthilfen an. Da auch Vögel gleicher Art oft unterschiedliche Nester bauen, sollten Sie - um die Vögel zum Brüten zu animieren - verschiedene Nisthilfen in ausreichender Anzahl anbieten. Pro Brutpaar in einem Gehege müssen Sie mindestens zwei, besser drei oder vier Nistgelegenheiten zur Verfügung stellen. Durch eine reichhaltige Bepflanzung und Ausstattung mit Kiefernzweigen haben

Sie von vornherein schon sehr viele natürliche Nistplätze geboten.
Für fast alle Körnerfresser haben sich die unterschiedlichen Ausführungen der Körbchen, Nistklötze, Ginstertaschen und Kaisernester

bewährt. Auch einige Insektenfresser nehmen diese Hilfen an. Um Stare, Rotschwänze, Meisen und Stelzen zur Brut zu bewegen, müssen verschiedenartige Bruthöhlen angeboten werden. Die Nisthilfen müssen vor Witterungseinflüssen wie Wind und Regen, aber auch direkter Sonneneinstrahlung geschützt sein.

Geeignetes Nistmaterial können Sie in der Natur finden: trockene Gräser, Wurzelfasern, Tierhaare, Pflanzenwolle, Blätter und für den Nestunterbau Birken- und Fichtenzweige. Aber auch im Handel erhältliche Materialien werden gern angenommen. Es eignen sich besonders Kokos-, Sisal- und Jutefasern sowie Scharpie. Letzteres wird verstärkt in der Kanarienzucht eingesetzt, findet aber auch unter den heimischen Vögeln durchaus Beachtung. Scharpie ist in jedem Zoofachgeschäft erhältlich. Stellen Sie die verschiedenen Nistmaterialien ihren Vögeln innerhalb der Voliere so zur Verfügung, dass sie selbst auswählen und sich bedienen können.

TIPP

Der Eigenbau von Nisthilfen sollte bereits im Winter stattfinden, da sie ab dem Frühjahr vermehrt Zeit für die Beobachtung Ihrer Vögel und für die Beschaffung von Futter aus der Natur einplanen müssen. Nistmaterial in Form von Tierhaaren und Federn sollten Sie nur verwenden, wenn Sie es vorher desinfiziert haben.

Die Nisthilfe oben links ist im Handel als „Waldvogelnest" erhältlich, auch Drahtnester in Siebform können Sie den Vögeln zum Ausbau anbieten.

Feines Mistmaterial kann man sehr gut in einem großmaschigen Drahtbehälter anbieten.

■ Rechte Seite:
Manche Meisenarten
werden von Züchtern
Insekten fressender
Vögel gehalten und ge-
züchtet. Die Kohlmeise
ist aber aufgrund ihres
oft aggresiven Verhal-
tens kein geeigneter
Volierenvogel.

Beliebte Vogelarten im Porträt

Jede Vogelart stellt hinsichtlich ihrer Haltung, Fütterung und Zuchtbedingungen bestimmte Ansprüche. Das ergibt sich aus ihren
ursprünglichen Lebensräumen, die hier deshalb kurz
vorgestellt werden.

Die meisten der porträtierten Vogelarten eignen sich
hervorragend für denjenigen, der damit beginnen
möchte, einheimische Singvögel halten oder zu
züchten.

> **TIPP**
> Bevor Sie sich mit der
> Haltung und Zucht heikler Vogelarten
> beschäftigen, ist es wichtig, Erfahrung
> mit einfacher zu haltenden Vögeln
> zusammen.

Körnerfresser

Viele heimische Körnerfresser sind gerade für den Anfänger in der
Waldvogelhaltung besonders zu empfehlen.

Das typische Merkmal Körner fressender Vögel ist der kräftige, kegel-
förmige, kurze Schnabel. Er dient als Werkzeug zum Aufbrechen verschiedener Sämereien, die oft sehr harte Schalen haben.

Es gibt aber nur wenige Singvögel die sich ausschließlich von
Sämereien ernähren und auch ihre Jungen damit aufziehen. Fast alle
Vögel benötigen zur Jungenaufzucht tierische Nah-
rung. Ausnahmen bilden hier lediglich Bluthänfling
und Girlitz. Diese beiden Arten kommen ohne
jegliche tierische Nahrung aus. In den folgenden Beschreibungen der Körnerfresser, die sich gut in Menschenobhut halten lassen, wird
jeweils speziell darauf
hingewiesen, wann
wieviel und
welche tie-
rische Nahrung sie
benötigen.

■ Mit seinem klobigen
Schnabel kann der Grün-
fink auch hartschalige
Sämereien knacken.

Bergfink
(Fringilla montifringilla)

Beschreibung

Länge: 15 cm; Gewicht: 25 g

Bergfinken besitzen eine sehr interessante Gefiederfärbung. Die Männchen zeigen eine orange bis gelbbräunliche Brust und Kehle, das Bauchgefieder und der Bürzel sind weiß. Die Flanken sind mit schwarzen Tupfen besetzt, die Oberseite ist schwarz gefärbt, die Flügeldecken sind braun. Die Schwingen sind schwarz mit weißen Innensäumen und gelblichen bis weißen Außensäumen. Auffallend ist der weiße Spiegel im Oberflügel. Der Schnabel des Männchens ist gelblich mit schwarzer Spitze, die Füße und Ständer sind gräulich. Die Iris ist braun. Im Ruhekleid ist das Männchen farblich wesentlich weniger intensiv und ähnelt dem Weibchen. Im Jugendkleid sind die Vögel ähnlich wie die Weibchen oder die Männchen im Schlichtkleid gefärbt, doch die Färbung geht insgesamt mehr ins Bräunliche. Der Bürzel und der Bauch sind nicht reinweiß, sondern schmutzig weiß bis gelbgräulich.

Links Männchen, rechts Weibchen des Bergfinks.

Vorkommen und Fortpflanzung

Der Bergfink bewohnt in Europa ausschließlich den Norden, er ist zur Brutzeit in Norwegen, Schweden und Finnland anzutreffen. Außerdem brütet er in weiten Teilen Asiens. Hier bevorzugt er die lichte Taiga, Birkenwälder und Bereiche, die mit Weidenbäume bewachsen sind. Im Winter ist er oft in Mitteleuropa anzutreffen. Als Wintergast kann er dann häufig im Verband mit Buchfinken am Futterhäuschen beobachtet werden. Sein Nest baut der Bergfink in Birken, Nadelbäumen oder Weiden. Die Brutzeit ist von Juni bis Anfang August. Es werden fünf bis sieben braungrüne, gefleckte Eier gelegt. Die Brutdauer beträgt 13 Tage, die Nestlingszeit 15 Tage. Bergfinken brüten zweimal im Jahr.

Haltung und Zucht

Der Bergfink stellt keine größeren Ansprüche an seine Unterbringung. Er kann in Volieren ohne Innenraum überwintert werden. Ein Teil der Voliere muss natürlich wind- und wettergeschützt sein. Er kann zur Brutzeit gegenüber Artgenossen und anderen Vögeln aggressiv reagieren. Eine paarweise Unterbringung ist wohl die beste Lösung. In größeren und bewachsenen Volieren fällt sein hin und wieder zänkisches Verhalten kaum ins Gewicht. Der Bergfink nimmt nicht nur Nisthilfen in verschieden Formen an, sondern baut seine Nester auch sehr gerne freistehend. Kleine Fichten erwiesen sich als beliebte Neststandorte.

Fütterung

Bergfinken sind im Bezug auf Fütterung wenig wählerisch. Für das Wohlbefinden der Vögel ist aber eine abwechslungsreiche Ernährung erforderlich. Ein gutes Waldvogelfutter bildet die Grundlage. Dieses sollte Rübsen, Sonnenblumenkerne, Negersaat, Hanf, Mohn, Glanz und Nadelholzsamen beinhalten. Grünfutter und Beeren werden der Jahreszeit entsprechend angeboten. Keimfutter und Lebendfutter ist zur Jungenaufzucht unentbehrlich. Ob Mehlwürmer, Getreideschimmelkäferlarven, Maden oder Ameisenpuppen, alles wird sehr begierig an die Jungen weitergegeben. Ein Weichfutter sollte im Futterangebot auch nicht fehlen.

■ Birkenzeisige lieben Wildkräuter.

Birkenzeisig
(Acanthis flammea)

Beschreibung

Größe: 12–14 cm; Gewicht: 13–16 g
Das Männchen besitzt eine dunkelbraune Stirn, Kinn und Kehle. Die Kopfplatte und die Brust sind rot. Die Oberseite ist braun, die Flügel sind braun bis schwarz gestreift. Die Schwanzfedern sind schwarzbraun. Die Seiten sind hell mit brauner Strichelung. Der Bürzel ist leicht rötlich. Die Unterseite ist schmutzig weiß. Der kurze Kegelschnabel ist gelbbraun

mit dunkler Spitze. Die Füße sind dunkelbraun, fast schwarz. Die Weibchen sind etwas matter gefärbt. Der rote Stirnfleck ist wesentlich

55

Birkenzeisig

kleiner ausgeprägt. Die Brust ist höchstens schwach rot. Die Jungvögel ähneln dem Weibchen, allerdings ohne jegliche Rotfärbung, und sie sind stärker gestrichelt. Je nach Unterart sind die Birkenzeisige mehr oder weniger intensiv gefärbt. Auch von der Größe her kann es je nach Herkunft Abweichungen geben.

Vorkommen und Fortpflanzung

In mehreren Unterarten besiedelt der Birkenzeisig fast ganz Europa. In seinem Verbreitungsgebiet ist er in Nadel- und Birkenwäldern ebenso anzutreffen, wie in Weidengebüschen oder in Gärten mit entsprechender Bepflanzung. Zur Winterzeit ist er häufig im Verband mit Erlenzeisigen zu beobachten. Das Nest wird sowohl in Bäumen als auch in Büschen gebaut. Zur Brutzeit, Mai bis Juli, sind manchmal weitläufige Kolonien festzustellen. Die nördlichen Populationen brüten aufgrund der Witterung selten zweimal. Es werden vier bis sechs hell blaugrünliche, mit braunen Flecken versehene Eier gelegt. Brutdauer ca. 13 Tage, Nestlingszeit 15 Tage, ein bis zwei Jahresbruten.

Haltung und Zucht

Birkenzeisige sind sehr beliebte Vögel und werden recht häufig gehalten. Eine wind- und wettergeschützte Freivoliere, evtl. mit angrenzendem Schutzraum, bietet eine ideale Unterbringungsmöglichkeit für diesen munteren Gesellen. Er wird schnell zahm und kann mit fast allen heimischen Singvögeln vergesellschaftet werden. Er nimmt gerne Nisthilfen in Form von Nistklötzen, Körbchen und Kaisernestern an. Es ist durchaus möglich, zwei Weibchen und ein Männchen zur Zucht in eine Voliere zu geben. Der Gesang der Vögel ist ausdauernd.

Fütterung

Ein gutes Waldvogelfutter, am besten ein spezielles Birkenzeisigfutter,

Aufgeschnittene süße Äpfel können an verschiedenen Stellen in der Voliere befestigt werden.

bildet die Grundlage. Sie können zu diesem Futter noch Birken- und Erlensamen geben. Je nach Jahreszeit sollten Laub- und Nadelholzzweige gereicht werden. Bei diesen werden die Knospen begierig abgenagt. Grünfutter wird, ebenso wie süße Äpfel und Salatgurken, sehr gerne gefressen. Zur Jungenaufzucht nehmen einige Exemplare gern Weichfresserfutter auf. Auch Lebendfutter ist zur Jungenaufzucht hilfreich, dabei werden Ameisenpuppen und Blattläuse bevorzugt. Keimfutter sollten Sie während der Jungenaufzucht täglich reichen.

Bluthänfling
(Acanthis cannabina)

Beschreibung
Größe: 14 cm; Gewicht: 18 g
Die Männchen zeigen zur Brutzeit eine rote Kopfplatte und rote Brust.
Bei Volierenhaltung verlieren sie aber jegliche Rotfärbung. Auch bei
reichlicher Fütterung von Grünzeug und Haltung in Großvolieren ist
diese wunderschöne Färbung nicht zu erhalten. Der Kopf und auch
der Hals sind graubraun gefärbt. Der Rücken und die Flügeldecken
sind kastanienbraun, der Bürzel weißlich. Der Bauch ist grauweiß und
die Flanken rotbraun. Die Flügel sind schwarzbraun, wobei die Handschwingen und Steuerfedern weiß umsäumt sind. Der Schnabel ist
bräunlich, die Füße braun und die Iris dunkelbraun. Die Weibchen
sind ähnlich gefärbt. Sie lassen jegliches Rot vermissen und sind insgesamt mehr gefleckt und gestreift. Im Jugendkleid ähneln Bluthänflinge dem Weibchen. Der Gesang des Bluthänflings gehört zu den
schönsten unter den einheimischen Körnerfressern.

Bluthänflinge
zählen zu den besten
heimischen Sängern.

Vorkommen und Fortpflanzung
Bluthänflinge bewohnen, bis auf den Norden, ganz Europa. In Mittel-
und Osteuropa kommen sie nur zur Brutzeit vor. In West- und Südeuropa kann man sie das ganze Jahr antreffen. Sie lieben weitgehend
offenes Gelände. Heidelandschaften, Waldränder, Gärten und Parkanlagen werden bevorzugt besiedelt. Bluthänflinge brüten teilweise in
kleinen Kolonien; gerne in Hecken und Koniferen. Die Brutzeit ist von
April bis August. Es werden vier bis sechs Eier gelegt. Diese sind hell-

57

■ Vogelmiere

■ Hirtentäschel

blau gefärbt und mit braunen Flecken und Punkten versehen. Brutdauer etwa 13 Tage. Nach etwa 14 Tagen verlassen die Jungen das Nest. Die Fütterung übernimmt nun mehr und mehr das Männchen, weil das Weibchen bereits wieder mit dem Nestbau beschäftigt ist. Manches Jahr brüten die Vögel dreimal.

Haltung und Zucht
Bluthänflinge sind für Anfänger in der Haltung und Zucht von heimischen Vögeln vortrefflich geeignet. Zum einen erfreuen sie den Pfleger durch ihren äußerst angenehmen Gesang und zum anderen sind sie anspruchslos in der Haltung und Fütterung. Sie können ganzjährig in Außenvolieren bleiben. Ein angrenzender Schutzraum sollte jedoch vorhanden sein. Die Behausung muss mehrere Versteckmöglichkeiten bieten, da der Hänfling recht scheu sein kann. Bluthänflinge sind sehr fürsorgliche Eltern. In naturnah ausgestatteten Gehegen und bei artgerechter Fütterung ist dieser gute Sänger recht einfach nachzuzüchten. Das Nest wird zum größten Teil freistehend in kleinen Fichten oder in Lebensbäumen angelegt.

Fütterung
Bluthänflinge lieben die Sämereien und das Blattgrün vieler Wildkräuter. Vogelmiere, Löwenzahn, Sauerampfer und Disteln sind hier nur einige Beispiele. Ein im Handel erhältliches Waldvogelfutter von guter Qualität dient als Basis. Keimfutter ist zur Jungenaufzucht vorteilhaft. Obst und Gemüse wird in Form von süßen Äpfeln und Salatgurken gern genommen. Lebendfutter wird von den Bluthänflingen zur Jungenaufzucht, wenn überhaupt, und nur in sehr geringem Maße benötigt.

Buchfink
(Fringilla coelebs)

Beschreibung
Größe: 15 cm; Gewicht: 25 g

Die Männchen besitzen eine weinrote Unterseite, die am Bauch etwas heller erscheint. Der Rücken ist rotbraun. Die Kopfplatte ist bis zum Nacken blaugrau gefärbt. Über der Schnabelwurzel ist ein schwarzer Fleck zu erkennen. Der Bürzel ist grünlich. In den Flügeln ist der weiße Spiegel auffallend. Der Schnabel ist außerhalb der Brutzeit braungrau und färbt sich zu Beginn der Brutzeit in ein sehr schönes Bleigrau. Die Füße und auch die Iris sind braun. Die Flügel und der Schwanz der

Weibchen sind ähnlich wie beim Männchen gefärbt, nur etwas brauner, die Unterseite ist hell graubraun, der Rücken olivbraun gefärbt. Die Jungvögel ähneln dem Weibchen. Je nach regionaler Herkunft der Finken kann die Farbintensität mehr oder weniger stark ausgeprägt sein. Der Buchfink war wegen seines Gesangs, er wird als Schlag bezeichnet, ein begehrter Stubenvogel. Noch heute werden, vor allem im Harz, Wettbewerbe durchgeführt, bei denen der beste „Schläger" gekürt wird. Diese Wettbewerbe werden nur noch aus Traditionsgründen zugelassen, die Zucht dagegen hat für Finkenzüchter heute höchste Priorität.

Buchfink während der Mauser. Dann zeigt sich der Vogel nicht in seinem schönsten Kleid.

Vorkommen und Fortpflanzung

Buchfinken kommen in einer Vielzahl von Unterarten in ganz Europa, im Norden Afrikas und in Teilen Asiens vor. An ihrem Lebensraum stellen sie keine hohen Ansprüche. Der Buchfink bewohnt Nadel-, Laub- und Mischwälder, ebenso kann man ihn in Parks, Gärten, auf Friedhöfen, in Dörfern und sogar in Städten sehen. Im Winter ist er hin und wieder im Schwarm mit Bergfinken zu beobachten. Die Buchfinken aus dem Nordosten überwintern meist in Mittel- und Südeuropa. Die restlichen Populationen verlassen ihr Brutgebiet nur in strengen Wintern. Die Brutzeit beginnt bereits Anfang April. Mehr als zwei Bruten pro Jahr sind selten. Die stabilen Nester werden in Bäumen oder Sträuchern gebaut. Durch die Verwendung von Nistmaterialien, die dem Neststandort ähneln, ist das Nest stets bestens getarnt. Das Weibchen legt vier bis fünf blaubräunliche, mit Flecken versehene Eier. Nach einer Brutdauer von etwa 13 Tagen schlüpfen die Jungen. Nach weiteren zwei Wochen verlassen diese das Nest.

Haltung und Zucht

Buchfinken können durchaus in Gemeinschaftsvolieren gehalten werden. Nur sollten Sie auf eine Zusammenhaltung mit Bergfinken und Kernbeißern verzichten. Buchfinken sind anspruchslos und können ein Alter von mehr als zehn Jahren erreichen. Im Gegensatz zu seiner einfachen Haltung ist die Zucht des Buchfinken doch etwas aufwändiger. Eine natürlich bepflanzte Voliere bietet beste Vorraussetzungen zur erfolgreichen Zucht. Gerne werden Nisthilfen in Anspruch genommen, bevorzugt Kaisernester, Körbchen oder Nistklötze. Zur Jungenaufzucht sollten Sie, vor allem in den ersten Tagen, fast ausschließlich tierische Nahrung verfüttern.

Fütterung

Buchfinken nehmen gerne Samen von unterschiedlichen Wildpflanzen wie auch Beeren. Je nach Jahreszeit können Sie Ihren Finken einen abwechslungsreichen Speiseplan bereitstellen. Eine Samenmischung bestehend aus Spitzsaat, Sonnenblumenkernen, Rübsen, Perilla, Negersaat, Grassamen, Hafer und Weizen sollte als Futterbasis ständig zur Verfügung stehen. Als Ergänzung zum täglichen Futter eignen sich süße Äpfel, Salatgurken und Knospen tragende Laubbaumzweige. Für die Jungenaufzucht ist Lebend- und Weichfutter sehr bedeutungsvoll. Nur selten ziehen Buchfinken ihre Jungen ohne Gaben von tierischer Nahrung auf.

Erlenzeisig
(Spinus spinus)

Beschreibung

Größe: 12 cm; Gewicht: 13-16 g

Die Männchen besitzen eine schwarze Kopfplatte. Einige Exemplare zeigen auch einen schwarzen Kehlfleck. Die Brust, die Kehle, der Hals und die Kopfseiten sind hell grüngelb. Ebenso sind der Bürzel, die Oberschwanzdecken und die Querbinden auf den sonst schwarzen Flügeln lebhaft gelb gefärbt. Die Oberseite ist dunkelgrün und der Bauch grauweiß, beides mit dunkler Längsstrichelung. Die Weibchen zeigen keine schwarze Kopfplatte und keinen Kinnfleck. Weiterhin sind sie wesentlich stärker längsgestrichelt und wirken insgesamt grauer als die Männchen. Sie besitzen kaum gelbe Farbtöne in ihrem Gefieder. Die Jungvögel ähneln dem Weibchen, sind aber stärker gestrichelt.

Erlenzeisigmännchen mit ersten Mauserlücken.

Vorkommen und Fortpflanzung

Erlenzeisige kommen in ganz Europa vor, nur der äußerste Norden wird von ihnen gemieden. In einigen Bereichen ist der Erlenzeisig allerdings nur als Wintergast anzutreffen. Weiterhin lebt er in Teilen Asiens und Nordafrikas. Zur Brutzeit bevorzugt er Nadel- und Mischwälder, er ist aber durchaus auch in Parks, in Gärten und auf Friedhöfen anzutreffen. Im Winter vermischen sich Trupps von Erlen- und Birkenzeisigen sowie Stieglitze, um Birken- und Erlenbestände nach Nahrung abzusuchen. Erlenzeisige brüten sehr gerne in Fichten und leben während der Brutzeit, von April bis in den Juli hinein, sehr heimlich. Zwei Bruten pro Jahr sind die Regel. Das Weibchen legt vier oder fünf weißbläuliche Eier, die mit einigen dunklen Flecken versehen sind. Nach etwa zwei Wochen schlüpfen die Jungen, die nach weiteren 14 Tagen das Nest verlassen. Im Spätsommer sammeln sich dann wieder Trupps, um gemeinsam auf Nahrungssuche zu gehen.

Haltung und Zucht

Gerade für Anfänger in der Waldvogelhaltung ein sehr zu empfehlender Volierenvogel, der durch seine Zutraulichkeit und sein liebenswertes Wesen begeistert. Er eignet sich hervorragend zur Vergesellschaftung mit anderen Finkenvögeln. Seine Behausung sollten Sie stets mit frischen Kiefern- und Fichtenzweigen ausstatten. In bepflanzten Außenvolieren können Sie sein interessantes Balzverhalten herrlich beobachten. Erlenzeisige nehmen Nisthilfen an, erstellen ihr Nest aber auch ohne Weiteres freistehend in Fichtenzweigen.

Für Waldvögel sollte die Voliere reich mit Nadelgehölzen bepflanzt sein.

Fütterung

Das Grundfutter sollte aus verschiedenen kleinen Saaten bestehen. Distel-, Salat- und kleine Fichtensamen seien hier an erster Stelle genannt. Keimfutter sollte in der Phase der Jungenaufzucht täglich frisch gereicht werden. Grünfutter und Knospen werden je nach Jahreszeit von den Vögeln gierig angenommen. Während der Jungenaufzucht sollte tierische Nahrung den Futterplan ergänzen. Blattläuse sind leicht zu beschaffen und sehr beliebt bei den Erlenzeisigen. Vor dem Sammeln dieser wertvollen Nahrung müssen Sie sich vergewissern, dass keine Insektenvernichtungsmittel an den entsprechenden Pflanzen eingesetzt wurden. Auch kleine Mehlwürmer, Getreideschimmelkäferlarven und Wiesenplankton werden an die Jungen weitergegeben. Hartgekochtes, zerkleinertes Ei (Eifutter) fressen die Vögel nach kurzer Gewöhnungszeit sehr gerne.

61

Feldsperling
(Passer montanus)

Beschreibung
Größe: 14 cm; Gewicht: 28 g

Der Feldsperling ähnelt dem Haussperling, ist jedoch etwas kleiner und schlanker. Der Oberkopf ist kastanienbraun. Die weißlichen Kopfseiten sind mit einem schwarzen Fleck versehen. Die Oberseite und die Flügel sind braun mit schwarzbraunen Strichelungen. Die Flügel haben zwei schmale weiße Binden. Die Unterseite ist braungrau mit einem schwarzen Kehllatz. Der hornfarbige Schnabel färbt sich zur Brutzeit schwarz. Die Jungvögel ähneln den Alttieren, sind allerdings wesentlich blasser gefärbt. Die Geschlechter sind kaum voneinander zu unterscheiden. Der Gesang der Feldsperlinge ist bescheiden. Werden sie in Gemeinschaftsvolieren gehalten, nehmen sie zumindest kleine Bruchstücke aus dem Gesang anderer Vögel auf.

Bei den Feldsperlingen sind die Geschlechter äußerlich kaum zu unterscheiden.

Vorkommen und Fortpflanzung
Der Feldsperling ist in mehreren geographischen Rassen in Europa, Asien, Nordamerika und Australien vorzufinden. Er bewohnt Stadtränder, Gärten, Parkanlagen, Feldgehölze und offenes Gelände mit Baumbestand. Ein Stadtvogel ist er nicht, wird allerdings hin und wieder dort angetroffen. Die Brutzeit liegt zwischen April und August, dabei werden oft drei Jahresbruten mit jeweils vier bis sieben Eiern durchgeführt. Nach zweiwöchiger Bebrütungsdauer schlüpfen die Jungen, die nach weiteren zwei Wochen das Nest verlassen.

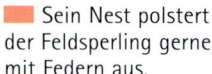 Sein Nest polstert der Feldsperling gerne mit Federn aus.

Haltung und Zucht

In einer bepflanzten Voliere fühlen sich Feldsperlinge wohl und schreiten auch willig zur Brut. Die Vergesellschaftung mit anderen heimischen Vögeln ist durchaus möglich. Feldsperlinge nehmen gerne Bruthöhlen an. Diese sollten Sie in verschiedenen Ausführungen in die Voliere einbringen. Drei Bruten sind auch in der Voliere nicht selten. Es werden pro Brut bis zu sieben Jungvögel aufgezogen. Da Feldsperlinge sehr sorgsame Eltern sind, treten selten Verluste auf.

Fütterung

Feldsperlinge sind nicht sehr wählerisch. Eine gute Sämereienmischung für Waldvögel und eine für Exoten sollten als Grundfutter gereicht werden. Grünfutter wird je nach Jahreszeit gegeben. Zur Jungenaufzucht wird gerne Weichfutter, aber auch hartgekochtes, zerkleinertes Ei genommen. Lebendfutter muss zur Zeit der Jungenaufzucht uneingeschränkt zur Verfügung stehen. Auch Keimfutter bereichert den Speiseplan.

Fichtenkreuzschnabel
(Loxia curvirostra)

Beschreibung

Größe: 17 cm; Gewicht: 45 g

Das Männchen besitzt ein ziegelrotes Kleingefieder. Der Rücken ist dunkel und der Bürzel hellrot. Die Gefiederpartien am Bauch und die Unterschwanzdecken sind grau bis braun gefärbt. Die Steuerfedern und Schwingen haben eine dunkelbraune Färbung, wobei die Schwingen hell gesäumt sind und bei einigen Exemplaren mattrot schim-

Fichtenkreuzschnabelweibchen sind im Gegensatz zu den Männchen schlicht gefärbt.

63

mern. Der Schnabel, die Füße und die Iris sind braun. Bei Volieren-haltung verlieren die Männchen ihre rote Gefiederfärbung und zeigen statt dessen ein überwiegend leuchtendes, olivgelbes Gefieder. In aus-reichend großen Volieren und bei großzügiger Gabe von Grünfutter legen die Männchen ein orange wirkendes Kleingefieder an. Die Weibchen sind unterseits grau bis grüngelb. Der Rücken ist dunkel graubraun gestreift. Der Bürzel hingegen ist hellgelb. Das Jugendge-fieder der Fichtenkreuzschnäbel zeigt eine graugrüne Färbung mit starker, dunkelbrauner Längsstrichelung am ganzen Körper. Der Gesang ist ein oft unermüdlich vorgetragenes, hastiges Zwitschern. Ansonsten geben die Fichtenkreuzschnäbel metallisch klingende Kon-taktrufe von sich.

Die Schnäbel der Jungtiere beginnen sich ab etwa der fünften bis sechsten Lebenswoche zu krümmen. Dabei können sich der Ober-bzw. der Unterschnabel nach rechts oder nach links biegen.

Vorkommen und Fortpflanzung

Fichtenkreuzschnäbel kommen lückenhaft in mehreren Unterarten in fast ganz Europa vor. Weiterhin ist er in Teilen Nordafrikas, Asiens, Nord- und Mittelamerikas beheimatet. Sein Vorkommen ist starken Häufigkeitsschwankungen unterworfen. Dieses hängt mit dem Nah-rungsangebot zusammen. Die Vögel sind nicht sesshaft, sondern zie-hen ständig umher, um Nahrung zu finden. Wo das Nahrungsangebot günstig ist, bleiben sie. Da sich der Fichtenkreuzschnabel, wie alle Kreuzschnabelarten, auf Koniferensamen als Nahrung spezialisiert hat, kommt er auch ausschließlich in Gebieten vor, die starken Nadel-baumbestand aufweisen. Wie der Name schon sagt, liebt der Fichten-kreuzschnabel die Samenkörner aus den Fichtenzapfen, er frisst jedoch auch andere Koniferensamen. Er bewohnt hauptsächlich Nadelwälder, kommt aber hin und wieder auch in Gärten und Parks mit vielen Zapfen tragenden Nadelbäumen vor. In Jahren mit schlechter Zapfenbildung wandern die Fichtenkreuzschnäbel in Mas-sen umher. Dann kommen Sie in einigen Gebieten invasionsartig vor. Sie ernähren ihre Jungen vorwiegend mit Fichtensamen, und weil diese im Winter reif sind, brüten sie auch in der kalten Jahreszeit.

Haltung und Zucht

Seine Zucht ist bereits in geräumigen Flugkäfigen möglich. Voraus-setzung ist ein harmonierendes Paar. Die Partner sollten sich selber finden. In einer Gemeinschaftshaltung haben die Vögel freie Partner-wahl und können anschließend paarweise untergebracht werden. Aber auch die Haltung mit anderen heimischen Vögel ist ohne Weiteres möglich. Bereits Anfang Dezember können Kreuzschnäbel in Brutstimmung kommen. Dies erreichen Sie durch reichhaltige Gabe von Fichten- und anderen Zapfen. Fichtenkreuzschnäbel nehmen gerne Nisthilfen an, obwohl auch freistehende Nester gebaut werden.

Fütterung

Nadelholzsämereien sind die Hauptnahrung dieser interessanten Vogelart. Im Fachhandel werden empfehlenswerte Mischungen angeboten. Diverse Zapfenarten sollten zusätzlich stets gereicht werden. An Grünfutter bevorzugen die Vögel Vogelmiere, Löwenzahnköpfe und Sauerampfer. Auch Knospen tragende Zweige werden gern benagt. Manche Elterntiere nehmen zur Jungenaufzucht hartgekochtes, zerkleinertes Ei und auch Lebendfutter auf.

Gimpel
(Pyrrhula pyrrhula)

Beschreibung

Größe: 14,5–18 cm; Gewicht: 20–40 g

Das adulte Männchen zeigt einen blauschwarzen Oberkopf und Gesichtsmaske. Die gesamte Brust ist rot, der Unterkörper und die Unterschwanzdecken sind weiß. Der Rücken ist aschgrau und der Bürzel reinweiß. Die schwarzen Flügel zeigen eine weißliche Binde. Der schwarze Schnabel ist kurz und dick. Die Füße und die Iris erscheinen bräunlich. Die adulten Weibchen sind wie die Männchen gefärbt, aber anstatt der roten Gefiederpartien zeigen die Weibchen eine graue Färbung. Im Jugendkleid sind beide Geschlechter gleich gefärbt. Sie sind einfarbig rostbräunlich, ohne schwarze Kopfplatte.

Vorkommen und Fortpflanzung

Der Gimpel, auch Dompfaff genannt, besiedelt Europa und Asien. Er ist in diesem riesigen Verbreitungsgebiet in zahlreichen Unterarten vertreten. Diese sind teilweise nur äußerst schwer zu unterscheiden.

Der Gimpel gehört zu den beliebtesten heimischen Singvögeln.

65

An dieser Stelle sollen nur die drei am häufigsten in unseren Volieren vorkommenden Unterarten erwäht werden. Das wäre zum Einen die in Nord- und Westdeutschland vorkommende Unterart *Pyrrhula pyrrhula europaea*, dann die in Mittel- und Süddeutschland verbreitete Unterart *Pyrrhula pyrrhula coccinea* und schließlich die deutlich größere Unterart *Pyrrhula pyrrhula pyrrhula*, die die Nominatform darstellt und in Nordeuropa lebt.

Der Gimpel bewohnt in erster Linie Nadel- und Mischwälder sowie Fichtenschonungen. Wir treffen ihn aber auch in Gärten, Parks und auf Friedhöfen an. Die Brutzeit ist von April bis August. Es werden vier bis sechs Eier gelegt. Nach etwas 14 Tagen schlüpfen die Jungen. Diese verlassen nach durchschnittlich 16 Tagen das Nest.

Haltung und Zucht

Wird das Paar allein gehalten, kann es in einer kleinen Voliere oder in einem geräumigen Flugkäfig untergebracht werden. Ansonsten kann man Gimpel sehr gut mit anderen Arten zusammenhalten. In erster Linie bieten sich Girlitze und Zeisige für eine Vergesellschaftung an.

Die Behausung muss mit reichlich Nadelholzzweigen ausgestattet sein, da sie den Vögeln Schutz, Nahrung und Nistgelegenheiten bieten. Das Nest wird sehr häufig freistehend in geeigneten Astquirlen erstellt. Bevorzugte Nistgelegenheiten sind Nistklötze, Kaisernester und Drahtkörbchen. Voraussetzung für eine erfolgreiche Zucht ist ein harmonierendes Paar. Freie Partnerwahl ist gerade bei Gimpeln vorteilhaft.

■ Das Weibchen des Gimpels hat nicht die intensiv rote Gefiederfärbung des Männchens.

Fütterung

Eine Körnermischung bestehend aus Rübsen, Perilla, Salatsamen, Negersaat, verschiedene Baumsaaten, Nachtkerze, Mohn, Leinsaat, Sonnenblumen, getrocknete Ebereschenbeeren und Glanz dient als Grundfutter. Knospen tragende Obstbaumzweige, verschiedenartige Beeren und Wildkräuter erweitern die Nahrungspalette. Hirtentäschel, Vogelmiere, Sauerampfer, Stiefmütterchen-, Vergissmeinnicht- und Löwenzahnsamen sind besonders begehrt. Süße Äpfel und Salatgurken werden auch nicht verschmäht. Keim- und Lebendfutter sowie hartgekochtes, zerkleinertes Ei sollten zur Jungenaufzucht stets vorhanden sein.

Girlitz
(Serinus serinus)

Beschreibung
Größe: 11 cm; Gewicht: 12 g
Der Girlitz ist mit einer Länge von etwa 11 cm einer der kleinsten einheimischen Singvögel. Er besitzt eine grünliche Gefiederfärbung mit dunkelbrauner bis schwarzer Längsstrichelung. Das Männchen ist durch eine gelbe Stirn, Brust und Überaugenstreif gekennzeichnet. Ebenso ist der Bürzel gelb gefärbt. Von dem insgesamt grünlichgelben Gesamteindruck sticht der helle, weißliche Bauch ab. Die Füße und die Iris sind braun. Der Oberschnabel ist dunkel, der Unterschnabel ist blass hornfarben. Die Weibchen sind stärker gestrichelt.

Girlitze sind ausdauernde Sänger. Die Samen des Hirtentäschel sind ihr Lieblingsfutter.

Weiterhin zeigen sie nicht das intensive Gelb der Männchen. Die Gefiederfärbung des Weibchens ist insgesamt matter. Die Jungvögel ähneln den Weibchen. Sie sind aber stärker gestreift und ihnen fehlt jegliches Gelb. Ein markantes Zeichen des Girlitz ist sein sehr kurzer Kegelschnabel. An seinem Gesang ist er eindeutig zu erkennen. Es ist ein quietschendes Zwitschern, das an das Reiben eines Waschbrettes erinnert. Er wird nicht nur im Sitzen, sondern auch in einer Art Singflug vorgetragen.

Vorkommen und Fortpflanzung

Der Girlitz ist in den meisten Teilen Mittel- und Südeuropas ein relativ häufiger Brutvogel. Aber auch hier bestätigen Ausnahmen die Regel, denn in einigen Gebieten Mitteleuropas ist er nur sporadisch anzutreffen. Er bewohnt Parks, Gärten, Alleen, Friedhöfe und sogar schon Stadtränder. Seit mehreren Jahrzehnten sucht der Girlitz immer mehr die Nähe des Menschen. Man kann ihn eigentlich schon als Kulturfolger bezeichnen, ähnlich wie zum Beispiel der Hausrotschwanz. Ab Anfang April beginnen die Girlitze mit ihren eindrucksvollen Balz- und Singflügen. Alsbald beginnt auch schon das Brutgeschäft. Vier bis fünf Eier werden knapp zwei Wochen lang bebrütet. Häufig legen Girlitze ihre Nester in Obstbäumen an. Nach etwa vierzehntägiger Nestlingszeit verlassen die Jungvögel das schützende Nest. Im Juli ist die Brutzeit der Girlitze beendet, dann ziehen sie in Familienverbänden umher.

Haltung und Zucht

Girlitze sind empfehlenswerte Volierenvögel. Neben ihrem interessanten Balzverhalten und ihrer Anspruchslosigkeit ist im Besonderen der unermüdlich vorgetragene Gesang hervorzuheben. In einer bepflanzten Voliere fühlen sich die Girlitze sehr wohl und schreiten auch willig zur Brut. Girlitzmännchen können zur Brutzeit recht aggressiv werden. Ähnlich gefärbte, sowie arteigene Vögel werden attackiert. Eine Trennung ist dann unvermeidlich, weil sonst keine Ruhe in die Voliere einkehren würde. Eine paarweise Unterbringung in einer kleinen Biotopvoliere ist für diese Vogelart optimal. Nisthilfen in Form von Nistklötzen und Kaisernestern finden besonderen Zuspruch. Diese sollten Sie jedoch mit Nadelholzzweigen etwas verkleiden.

Fütterung

Das Grundfutter sollte verschiedene Gräser- und Hirsesorten, Perilla, Negersaat, Salatsamen, Mohn, Kanariensaat und Rübsen enthalten. Aber erst die Zugabe von verschiedenen Wildkräutern lässt Girlitze richtig aufleben. Sie lieben Hirtentäschelkraut, Vergissmeinnicht und Vogelmiere. Aber auch andere Wildkräuter erfüllen ihren Zweck als Futtermittel. Nur einzelne Vögel dieser Art ergänzen ihre Nahrungsaufnahme durch Lebendfutter. Dann bevorzugen sie Blattläuse vor anderen Insekten.

Goldammer
(Emberiza citrinella)

Größe: 16 cm; Gewicht: 30 g

Beschreibung

Die Männchen der Goldammer zeigen einen gelben Kopf, Hals und Unterseite. Direkt über der Brust besitzen sie ein braunrotes Band. Die Seiten sind rotbraun bis dunkelbraun gestreift. Den Rücken kann man als dunkelrotbraun, mit braunen Längsstreifen beschreiben. Der Bürzel und die Schwanzdecken zeigen ein helles Rotbraun. Die Schwingen und Steuerfedern sind dunkelbraun, besitzen aber helle Säume. Der Schnabel ist blaugrau, die Füße hellbraun und die Iris dunkelbraun. Die Weibchen sind wesentlich matter gefärbt als die Männchen. Die Unterseite, der Oberkopf, Kehle und Brust sind stärker gefleckt und gestreift. Die Jungvögel ähneln dem Weibchen, wobei der Oberkopf dunkler gezeichnet ist. Auch der Vorderhals und die Brust sind dunkler und weitaus mehr gestreift als die des Weibchens. Es gibt unterschiedlich stark gelb gefärbte Männchen. Oft ist es so, dass die einjährigen Männchen sehr stark dem Weibchen gleichen, man spricht in diesem Fall von einem Hemmungskleid. Durch ihre schöne Gefiederzeichnung sind die Goldammern eine Bereicherung für jede Voliere, die mit einheimischen Vögeln besetzt ist.

Vorkommen und Fortpflanzung

Wo einigermaßen intakte Biotope vorhanden sind, ist die Goldammer ein häufiger Brutvogel. Sie bewohnt ganz Europa und kommt in drei Unterarten vor. Eine dieser Unterarten besiedelt Irland und Großbritannien, eine weitere den Osten und Süden Europas. Die Nominatform ist im gesamten restlichen Europa verbreitet. Goldammern verbleiben

In der Natur bauen Goldammern ihr Nest in niedrige Büsche. In der Voliere aber auch in Nisthilfen unter der Volierendecke!

zum größten Teil in ihren Brutgebieten, nur die nördlichen Bestände sind Zugvögel. Ihr Lebensraum ist das offene Gelände mit einzelnen Büschen. Aber auch an Waldrändern, auf Lichtungen, in Schonungen sowie auf kultiviertem Gelände fühlt sich die Goldammer wohl. Außerdem lebt sie an mit Bäumen bewachsenen Straßenrändern. Im Winter kann man sie in Trupps auf Brachflächen und auf Stoppelfeldern beobachten. Dort sucht sie ihre Nahrung. Allerdings müssen immer kleine Büsche oder Hecken in der Nähe sein. Hier finden die Ammern Platz zum Rasten oder Schutz vor Feinden.

In Freiheit brütet die Goldammer gerne in Hecken und im Gebüsch in einer Höhe von circa einem halben bis einem Meter. Selten findet man Nester in größeren Höhen oder direkt auf dem Boden. Es werden vier bis sechs Eier bebrütet. Die Jungen schlüpfen etwa nach zwei Wochen. Rund 14 Tage bleiben die Jungen im Nest, bis sie es verlassen. Die Männchen kann man oft, wie man es auch von den Girlitzen kennt, auf hohen Singwarten, wie Stromleitungen, beobachten. Von hier oben tragen sie mit großer Ausdauer ihren charakteristischen Gesang vor.

Haltung und Zucht

Was die Haltung betrifft, ist die Goldammer ein relativ anspruchsloser Vogel. Sie kann, paarweise gehalten, durchaus in größeren Flugkäfigen zur Nachzucht bewegt werden. Doch ansonsten stellt für diesen recht kräftigen Vogel die Voliere die ideale Unterbringung dar. Die Goldammer kann ganzjährig in einer Außenvoliere mit angrenzendem Schutzraum leben. Die Vergesellschaftung mit anderen heimischen Vögeln birgt keine Schwierigkeiten. Nur mit anderen Ammerarten sollte sie nicht zusammengesetzt werden. Ihre Nester baut sie meistens freistehend. Im Gegensatz zur freien Natur, können hier Abweichungen im Bezug auf den Neststandort beobachtet werden. Oft errichtet sie ihre umfangreichen Nester in über zwei Metern Höhe. Auch kleine Fichten werden als Neststandort auserkoren. An Nistmaterial müssen den Goldammern lange, trockene Gräser, Kokosfasern, und zur Auspolsterung Tierhaare gereicht werden.

Fütterung

Die Goldammer ist kein reiner Körnerfresser sondern gehört zu den Gemischtköstlern. Sie nimmt sowohl vegetarische Nahrung als auch in großem Maße tierische Kost zu sich. Dies muss bei der Fütterung beachtet werden. Ein gutes Waldvogelfutter mit Weizen, Hafer, Gerste, verschiedenen Hirsesorten und Unkrautsamen angereichert, sollte ständig zur Verfügung stehen. Weichfutter, aber auch hartgekochte, zerkleinerte Eier und diverse Wildkräuter werden sehr gerne genom-

men. Lebendfutter ist zur Jungenaufzucht unerlässlich. Wie bei fast allen Insektenfressern und Gemischtköstlern sind Mehlwürmer das beliebteste Lebendfutter.

Grünling
(Chloris chloris)

Beschreibung
Größe: 15 cm; Gewicht: 30 g
Die Männchen des Grünlings sind insgesamt gelbgrün gefärbt. Ins Auge fallen die leuchtend gelben Armschwingen sowie Teile der Schwanzfedern und des Bauches in derselben Farbe. Das Weibchen ist im Ganzen blasser gefärbt und zeigt mehr graubraune Anteile. Die Jungvögel sind ober- und unterseits längsgestreift.

Grünlinge sind besonders anfällig gegen Kokzidien. Bei ihnen sollte eine vorbeugende Esb3-Kur im Frühjahr und Herbst durchgeführt werden.

Vorkommen und Fortpflanzung
Grünlinge bewohnen bis auf den äußersten Norden ganz Europa und Nordafrika. Sie sind in Städten, Dörfern, an Waldrändern, in Gehölzen, in Parks und in Gärten zu sehen. Ihre Nester bauen sie in Büschen und Bäumen. Durchschnittlich werden fünf Eier etwa 13 Tage bebrütet. Die Jungen verlassen nach etwa 16 Tagen das Nest und werden noch etwa drei Wochen überwiegend vom Männchen mit Futter versorgt. Die Brutzeit liegt zwischen April und Juli.

Haltung und Zucht
Grünlinge sind gerade für Anfänger in der Waldvogelzucht zu empfehlen. Sie sind äußerst robuste Singvögel, die ganzjährig in der Gar-

71

tenvoliere verbleiben können. Dabei reicht es aus, die Wetterseite und einen Teil des Daches zum Schutz vor Wetterunbilden zu verkleiden. Ein Schutzraum ist nicht unbedingt notwendig. Die Voliere sollte mit reichlich Kiefern- und Koniferenzweigen ausgestattet sein. Sie bieten den Grünlingen Sichtschutz und Nistgelegenheiten zugleich. Seine Nester baut der Grünling auf Nisthilfen wie Drahtkörbchen, Ginstertaschen oder in Kaisernester, wenngleich natürliche Brutplätze in Kiefernzweigen und Fichten ebenso beliebt sind.

Fütterung

Ein gutes Waldvogelfutter bildet die Nahrungsgrundlage. Hinzufügen sollte man Samen von Nadel- und Laubhölzern. Es bieten sich Fichten-, Erlen- und Ahornsamen an. Jahreszeitabhängig werden von verschiedenen Wildkräutern sowohl die halbreifen Samenstände wie auch die grünen Teile liebend gern gefressen. Diverse Beerenarten erfüllen ab dem Spätsommer ihren Zweck als zusätzliches Futtermittel. Besonders Hagebutten haben es den Grünlingen angetan. Lebendfutter wird zur Jungenaufzucht nur in kleinen Mengen gefressen. Zwingend notwendig ist es für eine erfolgreiche Zucht nicht.

Kernbeißer
(Coccothraustes coccothraustes)

Beschreibung

Größe: 18 cm; Gewicht: 55 g

Beim Kernbeißer fällt neben dem klobigen Schnabel besonders die hübsche Gefiederfärbung ins Auge. Die Kehle ist schwarz und sticht von der hellbraunen Unterseite ab. Kopf und Bürzel tragen einen hellbraunen Farbton, der Rücken dagegen ist dunkelbraun. Der Nacken ist gräulich. Die braunen Schwanzfedern besitzen weiße Spitzen. Die Flügel enthalten braune, weiße, schwarze und bläuliche Anteile. Der Schnabel ist in der Ruhephase fleischfarben und färbt sich zur Brutzeit bläulich. Die Beine und Iris sind braun. Das Weibchen ähnelt dem Männchen, nur ist es blasser gefärbt. Die Jungvögel zeigen eine hellgelbe Kehle, einen etwas gefleckten Rücken und braune Flecken an den Federspitzen der Unterseite. Nestlinge haben ein fast reinweißes Daunenkleid.

Vorkommen und Fortpflanzung

Kernbeißer kommen in Teilen Asiens, in ganz Europa, mit Ausnahme des Nordens, und lückenhaft in Nordafrika vor. Sie bewohnen Laub-

Der Kernbeißer hat einen mächtigen Schnabel, mit dem er sogar Kirschkerne knacken kann.

und Mischwälder, Obstplantagen, Parks, Friedhöfe und große Gärten. Da der Kernbeißer sich zur Brutzeit fast ausnahmslos in den Baumwipfeln aufhält, ist er zu diesem Zeitpunkt nur schwer zu beobachten. Im Winter kommt er manchmal ans Futterhäuschen. Die Brutzeit ist von Anfang Mai bis Ende Juli.

Die Nester werden meist hoch in den Bäumen gebaut, und dabei bevorzugt in Laubbäumen. Durch die erhebliche Druckkraft seines Schnabels ist er in der Lage, zum Nestbau kleine Zweige von Bäumen abzubrechen. Zwei Wochen werden die Eier, vornehmlich vom Weibchen, bebrütet. Im Regelfall besteht das Gelege aus fünf Eiern. Die Jungen verlassen nach etwa 12 bis 13 Tagen das Nest, obwohl sie noch nicht voll flugfähig sind. Danach werden sie noch über einen Monat von den Eltern mit Futter versorgt.

Haltung und Zucht

Die Voliere für Kernbeißer muss mit reichlich Grün ausgestattet werden, damit der oftmals recht scheue Vogel genügend Deckungsmöglichkeiten findet. Nach anfänglicher Scheu in der neuen Umgebung werden die meisten Kernbeißer aber recht zutraulich. Einige Exemplare nehmen sogar Leckerbissen aus der Hand des vertrauten Pflegers. Zur Brutzeit verhalten sich die Kernbeißer sehr heimlich. Oft merkt der Pfleger kaum, dass die Vögel ihr Nest bauen. Als Nisthilfen finden Drahtkörbchen, Nistklötze und mit Kiefernzweigen verkleidete Kaisernester Verwendung.

73

Ebereschenbeeren werden auch vom Kernbeißer nicht verschmäht.

Fütterung

Eine auf den Kernbeißer speziell abgestimmte Futtermischung können Sie über den einschlägigen Futtermittelhandel beziehen. Diese Saatenmischung sollte alle für die gesunde Ernährung der Kernbeißer wichtigen Sämereien enthalten. Sonnenblumen-, Kürbis- und Obstkerne, Baumsämereien, Hanf, Mohn, Kardisaat, Rübsen, Kanariensaat, Hirse und Getreide gehören zu den favorisierten Sämereien. Obst in Form von Äpfeln und Birnen sowie Salatgurken sollten das ganze Jahr hindurch gefüttert werden. Unterschiedliche Beeren, Kirschen, Obstbaumknospen und noch milchiger Mais sorgen für Abwechslung auf dem Speiseplan. Zur Aufzucht der Jungen benötigen auch die Kernbeißer tierische Nahrung. Richtig ernährte Mehlwürmer, Getreideschimmelkäferlarven, Fliegenmaden, Heimchen und Ameisenpuppen werden bevorzugt von den Elternvögel an die Jungen weitergereicht. Keimfutter und frisch gesammelte Wildkräuter gehören ebenfalls zu einer abwechslungsreichen und ausgewogenen Ernährung dieses Finkenvogels.

Rohrammer
(Emberiza schoeniclus)

Beschreibung

Größe: 15 cm; Gewicht: 25 g

Mit ca. 15 cm ist die Rohrammer deutlich kleiner als die Goldammer. Beim Männchen ist der Kopf, das Kinn und die Kehle schwarz gefärbt, wobei es einen weißen Bartstreif und ein weißes Nackenband zeigt. Der Rücken und die Flügel sind braun mit schwarzen Längsstrichelungen. Der Bürzel ist grau, der Schwanz schwärzlich mit weißen Außenkanten. Die Unterseite ist gräulich weiß. Im Winterkleid sind der Kopf und die Kehle des Männchens graubraun. Zu dieser Zeit sind Männchen und Weibchen aus größerer Entfernung sehr schwer zu unterscheiden. Das Weibchen und die Jungvögel haben einen braunen Kopf und sind schwärzlich längsgestrichelt mit schwarzweißem Bartstreif und hellem Überaugenstreif. Die Kehle ist weißlich, die Brust dunkelbraun längsgefleckt. Da die Rohrammern ihre Nester vorwiegend in Schilfbeständen errichten, bildet das Federkleid des Weibchens eine hervorragende Tarnung.

Vorkommen und Fortpflanzung

Neben Europa weist Asien Rohrammerbestände auf. Rohrammern bewohnen Verlandungszonen von Seen und Teichen mit Schilfflächen und Weidengebüsch, Uferstreifen von Flüssen und Gräben sowie

Sumpfgebiete. Während der Brutzeit, von Mai bis Ende Juli, brüten die Vögel zweimal.

Das Nest wird überwiegend in Bodennähe gebaut. Das Gelege besteht durchschnittlich aus fünf Eiern. Diese werden 14 Tage bebrütet. Nach weiteren zwei Wochen verlassen die Jungen das Nest. Dabei können Störungen ein verfrühtes Verlassen des Nestes verursachen. Rohrammern fliegen ihr Nest nie direkt an. Sie landen mehrere Meter entfernt und erreichen dann, unsichtbar für den Beobachter, das Nest.

■ Rohrammern nehmen gerne ausgiebige Bäder. Lebendfutter ist bei der Jungaufzucht unerlässlich.
Links: Männchen, rechts: Weibchen.

Haltung und Zucht

Eine dem Lebensraum der Rohrammer nachgeahmte Biotopvoliere ist für diesen hübschen Vogel ideal. Ein kleiner Schilfgürtel und ein großes Badebekken sollten in das Gehege integriert werden. Rohrammern können das ganze Jahr in einer Freivoliere bleiben. Die Vögel sollten aber einen angrenzenden Schutzraum aufsuchen können. Rohrammern nehmen oft Nisthilfen in Form von Kaisernestern und im Schilf angebrachte Drahtkörbchen an. Freistehende Nester in Volieren werden gerne in kleinen Fichten oder in Schilfbüscheln angelegt.

■ Nestlinge am Tage des Beringens (etwa fünf bis sechs Tage alt).

Fütterung

Die Rohrammer ist eigentlich mehr ein Weichfresser als ein Körnerfresser. Ein gutes Waldvogelfutter sollte mit Wildsämereien und

75

Kanariensaat angereichert werden. Auch Schilfsamen werden gerne gefressen. Weiterhin muss ständig ein Weichfutter und verschiedenes Lebendfutter zur Verfügung stehen. Die Jungen werden fast ausschließlich mit tierischer Nahrung aufgezogen. Sehr begehrt sind kleine Mehlwürmer und Fliegenmaden. Zur Abwechslung sollten aber auch Getreideschimmelkäferlarven, Fruchtfliegen oder Heimchen gegeben werden.

Stieglitz
(Carduelis carduelis)

Beschreibung
Größe: 13-15 cm; Gewicht: 15–20 g
Stieglitze besitzen eine rote Gesichtsmaske. Der Nacken und die Kopfplatte sind schwarz. Die Wangen, der Bauch, die Oberschwanzdecken und der Bürzel sind weiß. Die Kehle und Brust enthalten ebenfalls weiße Anteile. Der Rücken zeigt eine braune Färbung. Die schwarzen Flügel besitzen einen gelben Spiegel. Die Spitzen der Schwingen sowie die schwarzen Schwanzfedern zeigen weiße Flecken. Der lange schmale Schnabel ist hornfarben und besitzt eine schwarze Spitze. Die Beine sind fleischfarben und die Augen bräunlich. Jungvögel haben ebenfalls schwarze Flügel und Schwanzfedern. Ansonsten lassen sie jedoch jegliches Rot und Schwarz vermissen. Der Kopf, die Brust und die Flanken sind dunkel gefleckt. Trotz der ausgesprochen bunten Färbung sind Stieglitze in der Natur kaum auffällig, denn dieses Gefieder bietet eine ausgezeichnete Tarnung. Die einzelnen Unterarten sind oft nur schwer zu unterscheiden. Am einfachsten ist es, die Nominatform *C.c.carduelis* und die Unterart *C.c.major* zu bestimmen. Stieglitze lassen sich nur aus nächster Nähe nach Geschlechtern unterscheiden. Ein Geschlechtsmerkmal ist die rote Gefiederfärbung über den Augen. Beim Männchen reicht das Rot etwas über den Hinterrand des Auges. Beim Weibchen dagegen reicht es meistens nur bis zur Mitte des Auges. Manchmal, vor allem bei älteren Weibchen, bis knapp an den hinteren Rand des Auges. Ein zweites Merkmal ist die Färbung der kleinen Flügeldecken. Zur sicheren Bestimmung werden die Vögel in eine Hand genommen und ein Flügel mit der anderen Hand abgespreizt. Nun stellt man beim Männchen rein schwarze kleine Flügeldecken fest. Das Weibchen dagegen zeigt braun durchsetzte kleine Flügeldecken.

Stieglitze bestechen durch ihre wunderschöne Gefiederfärbung.

Stieglitze sind farbenprächtig und neben dem Gimpel die beliebtesten einheimischen Singvögel in Menschenobhut.

Vorkommen und Fortpflanzung

Stieglitze bewohnen in vielen Unterarten Europa, Nordafrika und große Teile Asiens. Hier besiedeln sie primär Waldränder, Gehölze, Obstbaumplantagen, Gärten, Parks, und Friedhöfe. Im Herbst sieht man oft größere Trupps in Gesellschaft mit Erlen- und Birkenzeisigen auf Brachflächen und in Erlen- und Birkenbeständen.

Stieglitze sind auf Distelsamen spezialisiert. Dazu besitzen Sie lange spitze Schnäbel.

Haltung und Zucht

Stieglitze fühlen sich in einer bepflanzten Freivoliere sehr wohl und sind zudem ein wunderschöner Anblick. Ein frostfreier Schutzraum als Rückzugsmöglichkeit für die ansonsten winterharten Vögel ist allerdings angebracht. Zum Nestbau sollten Sie den Stieglitzen Nisthilfen in Form von Nistklötzen, Kaisernestern oder Körbchen anbieten. Stieglitze sind gegenüber anderen heimischen Singvögeln sehr verträglich.

Fütterung

Eine auf Stieglitze abgestimmte Sämereienmischung dient als Nahrungsgrundlage. Besonders beliebt sind Distel-, Nachtkerzen- und Salatsamen. Weiterhin Mohn, Negersaat, geschälte Sonnenblumenkerne und feine Baumsämereien. Ansonsten sind Keimfutter und verschiedene Wildkräuter, besonders halbreife Löwenzahnsamen, empfehlenswert. Zudem füttern Stieglitze ihre Jungen mit Ameisenpuppen, Fliegenmaden, kleinen Mehlwürmern und Blattläusen.

77

Insektenfresser

Insekten fessende Vögel, sie werden auch Weichfresser genannt, bedürfen besonderer Pflege. Ihre Unterbringung, Ernährung und ihr Zuchtverhalten stellen höhere Ansprüche an den Pfleger als Körnerfresser. Aber fast alle Arten belohnen dies durch ein interessantes Verhalten und durch überwiegend wunderschönen Gesang.

Bachstelze
(Motacilla alba)

Beschreibung
Größe: 18 cm; Gewicht: 23 g

■ Braunkehlchen eignen sich eher für erfahrene Halter und Züchter.

Die Bachstelze unterscheidet sich von allen anderen Vogelarten durch ihre schwarz-grau-weiße Färbung und ihren langen, ständig wippenden Schwanz. Das Männchen besitzt im Prachtkleid eine Trennung zwischen dem grauen Rücken und dem schwarzen Nacken. Das Weibchen dagegen zeigt einen fließenden Übergang vom grauen Rücken zum schwarzen Scheitel. Im Schlichtkleid sind beide Geschlechter nur schwer zu unterscheiden. Im Jugendkleid sind die Bachstelzen unscheinbar grau gefärbt. Der Flug der Bachstelze ist wellenförmig, dabei stößt sie meist ihren zweisilbigen Ruf aus. So ist sie auch im Flug eindeutig zu bestimmen. Beim Fang von Insekten kann man die Bachstelze sehr gut beobachten. Dabei rennt sie am Boden umher oder führt fliegenschnäpperartige Jagdflüge durch, um so die Insekten aus der Luft zu erbeuten. Der Gesang ist angenehm zwitschernd.

■ Die Bachstelze ist für den Anfänger in der Weichfresserzucht ein empfehlenswerter Pflegling.

Vorkommen und Fortpflanzung
Häufiger Brutvogel in ganz Europa. Die Bachstelze liebt offenes Gelände, aber auch Dörfer und sogar Städte werden von ihr besiedelt. Sie wird regelmäßig auf Mülldeponien, in Industriegebieten und auf offenem Gelände beobachtet. Sie baut ihr Nest wird in Mauernischen, unter Dachziegeln oder in anderen halbhöhlenartigen Öffnungen. Die Brutzeit ist von April bis August, dabei werden vier bis sechs gräulich gefleckte Eier gelegt. Brutdauer 13 Tage, Nestlingszeit 14 Tage, zwei Bruten pro Jahr.

Haltung und Zucht

Die Bachstelze ist ein angenehmer Pflegling. Besonders in einer groß-
zügigen Voliere kommt ihr natürliches Verhalten zur Geltung. Sie
kann gut mit allen in diesem Buch vorgestellten Vogelarten vergesell-
schaftet werden. Der Bachstelze genügt eine spartanisch eingerichtete
Voliere. Weil ein wichtiger Teil ihrer Lebensäußerungen auf dem
Boden stattfindet, muss für eine große, freie Bodenfläche gesorgt sein.
Findlinge werden gerne als Sitzplatz genutzt. Als Nisthilfe kann man
ihr Halbhöhlen und Kaisernester bieten. Diese sollten in ungleichen
Höhen angebracht werden. Jedoch auch in Bodennähe wählt die
Bachstelze geeignete Neststandorte aus. Das Weibchen bebrütet das
Gelege allein. Nachdem die Jungen selbstständig sind, sollten Sie
diese in eine vorbereitete Jungvogelvoliere geben. Andernfalls könn-
ten sie von den Alttieren attackiert werden oder die Folgebrut stören.
Drei Bruten sind bei Volierenhaltung keine Seltenheit.

Fütterung

Ganzjährig sollte ein gutes Weichfresserfutter gereicht werden. Ferner
werden alle besprochenen Futtertiere gerne aufgenommen. Bei der
Jungenaufzucht finden besonders Pinkys aus eingefrorenen Beständen
regen Zuspruch. Für die ersten Tage nach dem Schlüpfen müssen
unbedingt kleine Futtertiere gereicht werden.

Bartmeise
(Panurus biarmicus)

Beschreibung
Größe: 16,5 cm; Gewicht: 16 g

Die Bartmeise ist am langen Schwanz und an der zimtbraunen Gefiederfärbung doch recht einfach zu erkennen. Die Männchen besitzen
einen breiten schwarzen Bartstreif und haben schwarze Unterschwanzdecken, sowie einen blaugrauen Kopf. Der Schnabel der
Männchen ist orangegelb gefärbt. Diese beschriebenen Kennzeichen
besitzen die Weibchen nicht. Der Schnabel des Weibchens ist im
Gegensatz zum Männchen dunkler gefärbt. An der Schnabelfärbung
ist es bereits bei Jungvögeln möglich, sie nach Geschlechtern zu
unterscheiden. Im Gegensatz zum Weibchen besitzen die Jungvögel
eine schwarze Zügelfärbung, ebenso einen schwarzen Rückenstreif,
sowie einen dunklen Fleck zwischen Schnabelwurzel und Auge. Ein
weiteres Merkmal der Bartmeise sind ihr stark gestufter Schwanz und
ihre kurzen runden Flügel. Durch ihre Gefiederfärbung ist sie ihrem
Lebensraum, dem Schilf, sehr gut angepasst. Aus größerer Entfernung

Bartmeisen legen ein überaus interessantes Verhalten an den Tag. Zudem besitzen sie
eine wunderschöne Gefiederfärbung.

79

kann man sie dort kaum ausmachen. Bestimmen kann man sie nur an ihrem typischen Rufen oder an ihrem kurzen Flug, meist direkt über dem Schilf. Anhand der unterschiedlichen Färbung der Weibchen wird die Bartmeise zur Zeit in zwei Unterarten gegliedert. Die Weibchen der westlichen Nominatform (*Panurus biarmicus biarmicus*) zeigen eine mehr oder weniger dunkle intensiv gestrichelte Kopf- und Rückenzeichnung. Die Weibchen der hellen östlichen Form (*Panurus biarmicus russicus*) sind dagegen an Kopf und Rücken stets ungezeichnet. Da die Männchen der beiden Unterarten kaum zu unterscheiden sind, ist eine Reinzüchtung der Unterarten beinahe unmöglich.

Links Männchen, rechts Weibchen der Bartmeise.

Vorkommen und Fortpflanzung

Die Bartmeisen bewohnen einzelne Teile Asiens und Europas. Ihr Lebensraum sind große Schilfflächen an Seen, Flüssen und Meeresküsten. Erwähnenswerte Brutgebiete in Europa liegen in Dänemark, Holland, Großbritannien, Ungarn, Österreich und Deutschland. In Deutschland ist die Bartmeise relativ selten anzutreffen.

Haltung und Zucht

Bartmeisen eignen sich ausschließlich für die Haltung und Zucht in Volieren. Eine Ausstattung des Geheges, die dem natürlichen Lebensraum der Bartmeise nahe kommt, bietet beste Voraussetzungen für eine erfolgreiche Haltung und Zucht dieses äußerst interessanten Schilfbewohners. Obwohl die Bartmeise als winterfest einzustufen ist, sollte ein frostfreier Schutzraum an die Außenvoliere grenzen. Eine Bepflanzung des Außenteils mit Schilf, Bambus und Weiden kommt dem natürlichen Lebensraum der Bartmeise am nächsten. Altschilf kann büschelweise in die Voliere gestellt werden. Eine große Badege-

legenheit darf nicht fehlen. Halbhöhlen, Kaisernester und in die Alt-
schilfbüschel faustgroß eingedrückte, höhlenartige Vertiefungen dienen der Bartmeise als Nisthilfe.

Das Material zum Nestbau besteht aus Schilfblättern, Gräsern,
Kokosfasern und aus feinen Materialien wie Tierhaaren und kleinen
Blättern. Einige der Schilfblätter und Gräser sollten Sie in einer Was-
serschale reichen, da einige Bartmeisen gern feuchtes Nistmaterial
zum Bau des Nestes verwenden.

Nest der Bartmeise
in einem Holzkaisernest,
umgeben von Schilf.

Fütterung

Die Nahrung der Bartmeisen besteht im Winter zu großen Teilen aus
Sämereien. Darum sollten Sie den Bartmeisen eine Sämereienmischung, bestehend aus Negersaat, Zichorien, Salatsamen, verschiedenen Grassamen, Perilla, Sesam, Mohn, Nachtkerze, Spitzsaat und
Hirse anbieten. Wie viel die Bartmeisen von dieser Mischung tatsäch-
lich aufnehmen, ist schwer zu sagen, weil sie nach Hühnerart sehr
viel im Futter scharren. In freier Wildbahn werden gerne Schilfsamen
gefressen. Es ist kein Problem, auch den Volierenvögeln dieses Futter
zu beschaffen. Hauptfutter ist aber, wie bei allen Insektenfressern,
Weichfresser- und Lebendfutter. Bei der Aufzucht junger Bartmeisen
sind in den ersten Tagen kleine Futtertiere die bevorzugte Nahrungsquelle. Sehr gut geeignet dazu sind Fruchtfliegen.

81

Gartenrotschwanz
(Phoenicurus phoenicurus)

Beschreibung

Größe: 14 cm; Gewicht: 15 g

Auffallend, wie bei allen Rotschwanzarten, ist der rostrote Schwanz. Im Prachtkleid zeigen die Männchen eine schwarze Kehle sowie schwarze Kopf- und Halsseiten. In dem gleichen schwarzen Farbton

Männliche Gartenrotschwänze besitzen eine außergewöhnlich hübsche Gefiederfärbung.

gezeichnet ist die Vorderstirn, die aber einen weißen Fleck zeigt. Dieser weiße Fleck dehnt sich bis über das Auge aus. Die Brust ist rostrot, zum Bauch hin wird die Färbung weißlich. Die Oberseite ist dunkelgrau, der Bürzel rostrot. Die Schwingen sind bräunlich gefärbt. Die Füße und der Schnabel sind schwarzbraun und die Iris ist dunkelbraun. Im Ruhekleid wirken die Männchen wesentlich schlichter in ihrer Gefiederfärbung. Zurückzuführen ist dies auf die hellen Federsäume, welche im Herbst und Winter die wunderschöne Gefiederfärbung der Männchen verdecken. Bis zum Frühjahr werden die Federsäume abgenutzt und die Männchen zeigen dann ihr Prachtkleid. Die Flügel, der Schwanz und der Bürzel der Weibchen sind wie beim Männchen gefärbt. Im Gegensatz zum Männchen zeigen die Weibchen eine graubraune Oberseite und eine helle rostbraune Unterseite. Der beim Männchen weißliche Bauch ist beim Weibchen hellbeige. Die Jungvögel sind an der Ober- und Unterseite dunkel gefleckt.

Vorkommen und Fortpflanzung

Der Gartenrotschwanz besiedelt nahezu ganz Europa, auch in vielen Regionen Asiens und Nordafrikas ist er anzutreffen. Bei uns lebt er vorwiegend an Waldrändern sowie in Parks, auf Friedhöfen und in alten Gärten. In Dörfern kann man ihn ebenso beobachten wie an Stadträndern.

Haltung und Zucht

Eine bepflanzte Gartenvoliere mit einem angrenzenden Schutzraum ist auch für diesen wunderschönen Vogel die optimale Unterkunft. Hier kann man sein interessantes Verhalten zum Beispiel während der Balz oder bei der Beutejagd ausgezeichnet beobachten. Gartenrotschwänze müssen einzeln überwintert werden und die Gelegenheit haben, einen frostfreien Schutzraum aufzusuchen.

Gartenrotschwänze sind Höhlenbrüter. Sowohl in der Natur wie auch in der Voliere werden gerne Bruthöhlen mit zwei ovalen Einschlupflöchern angenommen.

Die Vergesellschaftung mit anderen Vogelarten ist weitestgehend unproblematisch. Es ist aber darauf zu achten, dass keine anderen Rotschwanzarten in die Voliere gesetzt werden. Gartenrotschwänze verteidigen ihr Revier bedingungslos gegen Artgenossen, daher ist die Verpaarung auch nicht ganz einfach. Es ist nicht möglich, Gartenrotschwänze ganzjährig als Paar zusammenzuhalten. Die Partner müssen im Frühjahr langsam aneinander gewöhnt werden. Allein aus diesem Grunde ist der Gartenrotschwanz nur einem bereits erfahrenen Vogelpfleger anzuvertrauen. Die für die Zucht vorgesehenen Partner sollten vor der Zusammenführung in nebeneinander liegenden Volieren untergebracht werden. Erst wenn sie sichtlich miteinander harmonieren, kann man es wagen, sie zusammenzulassen. Als Brutplatz bevorzugen Gartenrotschwänze Höhlen, die zwei ovale Einfluglöcher aufweisen. Sie ermöglichen diesen langbeinigen Vögeln, ungehindert in die Bruthöhle zu gelangen.

Fütterung

Das ganze Jahr hindurch sollte ein geeignetes Weichfresserfutter zur Verfügung stehen. Lebendfutter wird im Herbst und Winter wenig gereicht, dafür zur Jungenaufzucht um so reichlicher. Im Herbst und Winter können verschiedene Beeren in die Voliere gegeben werden. Vor allem Holunder ist eine beliebte Frucht. Mehlwürmer, Buffalos, Fliegenmaden, Fruchtfliegen, kleine Heimchen und Ameisenpuppen dienen den Gartenrotschwänzen als abwechslungsreiche Nahrung.

83

Hausrotschwanz
(Phoenicurus ochruros)

■ Oben: Hausrotschwanzweibchen besitzen ein schlichtes Federkleid. Unten: Hausrotschwanzmännchen zeigen ab dem zweiten Herbst ihr wunderschönes schwarzes Gefieder.

Beschreibung

Größe: 14 cm; Gewicht: 18 g

Die Kehle, die Kopf- und Halsseiten sowie die Kropfgegend bis zur Brust des adulten Männchens sind schwarz. Zum Bauch hin wird das Gefieder heller und ist am After schließlich weißlich. Die Oberseite ist aschgrau und die Oberschwanzdecken rostrot. Der Schwanz hat braune Enden. Die Schwingen sind schwarzbraun, die Handschwingen sind mit schmalen grauen, die Armschwingen mit breiten weißen Außensäumen versehen. Schnabel und Füße sind schwarz, die Iris braun. Im frischen Gefieder tragen die schwarzen Federn graue Säume, im abgetragenen Kleid sind Rücken und Schultern fast tiefschwarz. Die Weibchen sind oberseits dunkel rauchgrau, unterseits etwas heller gefärbt. Die Hausrotschwanzweibchen sind aber deutlich vom Gartenrotschwanzweibchen zu unterscheiden, da diese wesentlich heller gefärbt sind. Jungvögel ähneln sehr stark dem Weibchen. Die jungen Hausrotschwanzmännchen tragen im ersten Jahr ein so genanntes Hemmungskleid: Sie gleichen in der Gefiederfärbung dem Weibchen. Ausnahmsweise können bei jungen Männchen schwärzliche Tupfen auftreteten.

Durch ihre relativ langen Beine und durch ihr ständiges Knicksen und Schwanzzittern machen sie einen sehr eleganten Eindruck. Selten kann man Rotschwänzchen in Ruheposition beobachten.

Vorkommen und Fortpflanzung

Als ursprünglicher Felsenbewohner hat der Hausrotschwanz mittlerweile große Teile Europas erobert, eingeschlossen auch die Tiefebenen. Er ist bei uns ein relativ häufig vorkommender Brutvogel. Weiterhin besiedelt er Nordafrika und Gebiete Asiens. Unsere, in Mitteleuropa brütenden Hausrotschwänze sind Teilzieher und überwintern in West- und Südeuropa sowie in einigen Landstrichen Nordafrikas.

Haltung und Zucht

Die Zucht des Hausrotschwanzes gelingt bei harmonierenden Paaren bereits in großen Flugkäfigen. Wohler fühlen sich die Vögel allerdings in Volieren, die ein Außenteil besitzen. Die Partner können im Gegensatz zum Gartenrotschwanz ganzjährig beieinander bleiben. Hausrotschwänze können in Außenvolieren überwintert werden, sofern ein frostfreier Schutzraum aufgesucht werden kann. Als Nistplätze dienen Halbhöhlen und Nistbrettchen. Letztere sollten ringsherum mit einer Leiste versehen werden, damit das Nest nicht wegrutschen kann.

Fütterung

Auch Hausrotschwänze erhalten ganzjährig ein Weichfresserfutter, welches mit Lebendfutter angereichert wird. Zur Ruhezeit sollte das Lebendfutter durch Zugabe von Beeren gestreckt werden. Für die Jungenaufzucht muss dann uneingeschränkt und abwechslungsreich tierische Nahrung zur Verfügung stehen.

Heckenbraunelle
(Prunella modularis)

Beschreibung

Größe: 15 cm; Gewicht: 18 g
Männchen und Weibchen sind nahezu gleich gefärbt und nur vom erfahrenen Züchter zu unterscheiden. Kehle, Brust, Teile des Kopfes und Halsseiten sind bleigrau. Die Unterseitenmitte ist schmutzig weißgrau, die Seiten dagegen rotbraun gestreift. Nacken und Oberkopf zeigen eine bräunlich graue, dunkel gefleckte Gefiederfärbung. Der Rücken und die Flügel sind rotbraun mit dunklen Längsstrichelungen. Der Bürzel und die Schwanzoberseite sind bräunlich. Der Schnabel ist

Heckenbraunellen besitzen ein eher schlichtes Gefieder. Ihr Gesang dagegen ist melodisch und wird ab dem Frühjahr ausdauernd vorgetragen.

85

dunkelbraun und die Füße sind rotbraun, ebenso die Iris. Jungvögel sind heller gefärbt und stärker gefleckt. Insgesamt besitzen Heckenbraunellen eine recht unscheinbare Gefiederfärbung.

In Parks und Gärten mit Unterwuchs ist die Heckenbraunelle stets anzutreffen.

Vorkommen und Fortpflanzung

Diese Vogelart bewohnt weite Teile Europas und ist auch in Asien beheimatet. Als Lebensraum dienen ihr Wälder mit Unterbewuchs, Gärten, Parks, Gebüsche, Hecken und Friedhöfe. Bereits im April beginnt die Brutzeit. Das Nest wird in Bodennähe gebaut. Die vier bis fünf Eier werden durchschnittlich 13 Tage bebrütet. Nach zwei Wochen verlassen die jungen Heckenbraunellen das Nest. Die ersten Tage bleiben sie versteckt in Bodennähe.

Haltung und Zucht

Die Heckenbraunelle ist ein Insektenfresser, der dem Anfänger in der Haltung heimischer Weichfresser zu empfehlen ist, weil sie in Bezug auf Fütterung und Haltung recht wenig Ansprüche stellt. Zudem erfreut sie uns mit ihrem schönen Gesang. Bei der Vergesellschaftung mit anderen Vögeln wird ihr hin und wieder zänkisches Verhalten nachgesagt. Dies ist aber nach eigenen Beobachtungen die Ausnahme. Als Bewohner dichter Vegetation fühlt sich die Heckenbraunelle in einer bepflanzten Biotopvoliere am wohlsten. Da sie ein winterharter Vogel ist, reicht es aus, die Wetterseiten der Voliere gegen Wind und Regen zu schützen. Nisthilfen werden kaum angenommen. Es müssen jedoch verzweigte Nadelbaumäste oder kleine Fichten in der Voliere vorhanden sein, die die Vögel dann als Neststandort wählen.

Fütterung

Wie eingangs erwähnt, ist die Heckenbraunelle ein anspruchsloser Pflegling. Dies trifft insbesondere auf die Fütterung zu. Während des Frühjahrs und des Sommers muss die Nahrung aus einem Weichfresserfutter und aus tierischer Nahrung bestehen. Während der kalten Jahreszeit werden dann auch vermehrt kleine Sämereien aufgenommen. Zur Jungenaufzucht ist Lebendfutter vonnöten. Auch an Obst nascht sie hin und wieder.

Mönchsgrasmücke
(Sylvia atricapilla)

Beschreibung
Größe: 14 cm; Gewicht: 20 g
Aufgrund der schwarzen Kopfplatte der Männchen werden die
Mönchsgrasmücken auch Schwarzplättchen genannt. Kopf, Hals und
Unterseite sind grau. Die Oberseite olivgrau mit bräunlichen Anteilen.
Die Flügel und Schwanzfedern zeigen ein dunkles Grau. Äußerlich
sind die Geschlechter einfach zu unterscheiden: Im Gegensatz zum
Männchen zeigen die Weibchen eine rotbraune Kopfplatte. Ansonsten
ist die Gefiederfärbung der Weibchen mehr bräunlich. Die Jungen zeigen in beiden Geschlechtern eine rotbraune Kopfplatte wie die Weibchen. Mönchsgrasmücken sind hervorragende Sänger. Sie werden von
einigen Vogelliebhabern deshalb gerne mit der Nachtigall zugleich
genannt.

Mönchsgrasmücken
werden gerne wegen
ihres wunderschönen
Gesangs gehalten.

Vorkommen und Fortpflanzung
Mönchsgrasmücken sind in fast ganz Europa zu Hause. Zusätzlich
kommen sie in Asien und Nordafrika vor. Die bei uns brütenden
Vögel überwintern in Afrika. Vereinzelt versuchen Mönchsgrasmück-
en allerdings auch in ihren Brutgebieten zu überwintern. Ihr Lebens-
raum sind Wälder, Parks, Gärten und Friedhöfe mit Unterbewuchs.
Vier bis sechs Eier werden in etwa zwei Wochen ausgebrütet. Die
Jungen verlassen oft noch flugunfähig ihr Nest.

Haltung und Zucht

Dieser hübsche Sänger kann ganzjährig in einer Außenvoliere mit angrenzendem, frostfreiem Schutzraum gehalten werden. Wenn die Außenvoliere mit einer dem Lebensraum der Mönchsgrasmücke entsprechenden Bepflanzung versehen wird, bleibt der Bruterfolg nicht aus. Voraussetzung ist natürlich eine ausgewogene Ernährung. Die Vergesellschaftung mit anderen Vögeln bringt keine Probleme mit sich. Nisthilfen werden nur sehr selten angenommen, vielmehr bevorzugen die Vögel Astquirle in Nadelbäumen und dichten Laubgehölzen. Mönchsgrasmücken haben die Angewohnheit, sehr lose Nester zu bauen. Hier müssen Sie als Pfleger manchmal eingreifen und das Nest mit einer Unterlage verstärken. Denn sonst ist es möglich, dass die Eier durch den Nestboden hindurch fallen.

Fütterung

Mönchsgrasmücken dürfen nicht zu gehaltvoll gefüttert werden. Allzu leicht verfetten sie. Dem kann man aber mit der Gabe von Obst entgegenwirken, zumal Obst und insbesondere Beeren gerne verzehrt werden. Ein gutes Insektenfresserfutter und Lebendnahrung, letztere zur Zeit der Jungenaufzucht uneingeschränkt, müssen stets angeboten werden.

Rotkehlchen
(Erithacus rubecula)

Beschreibung

Größe: 14 cm; Gewicht: 17 g
Die Geschlechter sind nur vom Fachmann auf Anhieb zu unterscheiden. Die Vorderstirn und die Kehle sind rostrot gefärbt. Dieser rote Bereich ist von einem grauen Streif umsäumt. Sonsten ist die Unterseite hellgrau bis schmutzig weiß. Die Flanken und die Oberseite sind olivbraun. Der Schnabel, die Iris und die Füße sind braun. Im Jugendgefieder zeigen Rotkehlchen eine braune, mit heller Sprenkelung versehene Gefiederfärbung. Dieser recht zutrauliche Singvogel hält sich, wie alle Erdsänger, viel am Boden auf. Sein Gesang ist wohlklingend und fast das ganze Jahr zu hören.

Vorkommen und Fortpflanzung

Große Teile Europas, Nordafrikas und Westasiens sind die Heimat des Rotkehlchens. Hier besiedeln sie vor allem Wälder, Parks, Gärten und Gebüsche. Das Nest wird auf oder nahe des Bodens errichtet. Schon häufig sind Rotkehlchennester auch in Gebäuden, in Postkästen oder

anderen „unnatürlichen" Plätzen gefunden worden. Das zeigt, dass sich die Vögel mit menschlicher Nähe zu arrangieren wissen. Vier bis sechs Eier werden in etwa zwei Wochen bebrütet.

Die Jungen verlassen nach etwa 15 Tagen das Nest und werden überwiegend vom Männchen versorgt, da das Weibchen bereits mit der Folgebrut beschäftigt ist. Rotkehlchen bleiben oft im Brutgebiet oder legen zumindest keine weiten Strecken zurück.

Haltung und Zucht

Wenn das Problem der Identifikation der Geschlechter gelöst ist, stellt selbst die Zucht von Rotkehlchen auch einen Anfänger vor keine größeren Probleme, soweit er über eine ausreichend große Gartenvoliere mit Schutzraum verfügt. Hier kann man die Partnervögel das ganze Jahr zusammenhalten. Voraussetzung sind mehrere Futterplätze und genügend Sichtschutz durch die Bepflanzung. Bei Haltung in kleineren Volieren müssen die Partner langsam aneinander gewöhnt werden. Sinnvoll sind hierfür zwei nebeneinander liegende Volieren. Die Vögel dürfen dann anfangs nur unter Aufsicht zusammen gelassen werden. Nisthilfen werden sehr gerne angenommen und dabei Halbhöhlen, Kaisernester und Exotennistkästen bevorzugt. Bei einer natürlichen Einrichtung und Bepflanzung der Voliere bauen die Vögel auch freistehende Nester. Abgestorbene Baumwurzeln, die bereits vom Efeu überrankt sind, bieten gute Nistmöglichkeiten. Bei der Vergesellschaftung mit anderen Vögeln ist Vorsicht geboten. Beobachtung über längere Zeit ist erforderlich, um bei Bedarf die Vögel sofort trennen zu können. Da Rotkehlchen außer zur Brutzeit Einzelgänger sind, vertreiben sie Artgenossen aus ihrem Revier.

Fütterung

Ein ausgewogenes Weichfresserfutter, tierische Kost und Beeren sind für eine gesunde Ernährung nötig. Zur Jungenaufzucht werden größere Mengen an Lebendfutter benötigt. In den ersten Lebenstagen der Jungvögel füttern die Eltern nur sehr kleine Futtertiere.

Singdrossel
(Turdus philomelos)

Beschreibung

Größe: 23 cm; Gewicht: 70 g

Männchen und Weibchen sind gleich gefärbt. Die Oberseite der Vögel zeigt eine olivbraune Färbung. Dagegen ist die Unterseite weißlich. Die Kropfgegend und die Seiten sind etwas gelblich gefärbt. Bis auf die Bauchunterseite ist die Singdrossel schwarzbraun gefleckt. Jungvögel wirken insgesamt rötlicher und sind oberseits gelblich gefleckt. Ihr abwechslungsreicher und wohlklingender Gesang macht sie zu einem lohnenden Volierenbewohner.

Singdrossel am Nest. Die hungrigen Jungvögel vertilgen große Mengen an Lebendfutter.

Vorkommen und Fortpflanzung

Bis auf den äußersten Norden ist die Singdrossel in ganz Europa beheimatet, weiterhin in Nordafrika und Asien. Ihr Lebensraum sind vor allem Wälder, Gehölze, Parks, Gärten und Obstplantagen. Ihr Nest baut die Singdrossel sehr festgefügt in Bäume und Büsche. Vier bis sechs Eier sind die Regel und diese werden etwa 14 Tage bebrütct. Flugunfähig verlassen die Jungen meistens nach 16 Tagen das Nest. Gewöhnlich werden sie dann vom Männchen mit Futter versorgt. Die Brutzeit ist von Ende April bis Ende Juli.

Haltung und Zucht

Die Singdrossel ist ein nicht häufig gehaltener heimischer Singvogel. Gegenüber anderen Volierenbewohner ist sie friedlich. Eine geräumige und bepflanzte Voliere ist auch für diese interessante Vogelart die optimale Umgebung. Singdrosseln bauen ihr Nest aus den üblichen Materialien, jedoch betonieren sie diese regelrecht aus. Dazu verwendet die Singdrossel mit Speichel angefeuchtete Erde oder Lehm. Aus diesem Grunde sollte in der Voliere eine Stelle mit frischer Erde und feuchtem Lehm vorhanden sein. Nisthilfen erleichtern den Vögeln den Bau des Nestes und werden gerne benutzt. In die Voliere gegebener Waldboden und Laub bieten den Drosseln eine schöne Beschäftigung, denn sie suchen darin unermüdlich nach Insekten, Würmern und Kerbtieren.

Fütterung

Ein grobes Weichfresserfutter bildet die Basis. An Lebendfutter wird sonst alles Beschaffbare aufgenommen, natürlich auch Regenwürmer und Schnecken. Ein kleiner, in die Voliere integrierter Mist- oder Komposthaufen beherbergt unzählige Regenwürmer und andere Futtertiere. Ab dem Spätsommer ergänzt man das Futter durch unterschiedliche Beeren.

Verzeichnisse

Vereine & Verbände

Vereinigung für Artenschutz,
Vogelhaltung und Vogel-
zucht (AZ) e.V.
Geschäftsstelle
Postfach 11 68
71501 Backnang

Deutscher Kanarien- und
Vogelzüchter-Bund (DKB) e.V.
Geschäftsstelle
Alfredstr. 66
72250 Freudenstadt

Vereinigung Ziergeflügel-
und Exotenzüchter e.V. (VZE)
Spreeaue 14
03130 Spremberg

Verband deutscher Waldvo-
gelpfleger und Vogelschützer
(VDW) e.V.
Geschäftsstelle
Monestr. 25
76669 Bad Schönborn

Bundesverband für fachge-
rechten Natur- und Arten-
schutz (BNA) e.V.
Geschäftsstelle
Postfach 11 10
76707 Hambrücken

Bund Deutscher Waldvogel-
pfleger (WVP) e.V.
Geschäftsstelle
Redenstr. 28
45966 Gladbeck

Fachzeitschriften

AZ-Nachrichten (monatlich)
Mitteilungsblatt für Mitglie-
der der Vereinigung für
Artenschutz, Vogelhaltung
und Vogelzucht (AZ) e.V.

Vogelfreund (monatlich)
Fachzeitschrift für Vogel-
züchter, Vogelliebhaber,
Vogelschützer
Hanke-Verlag GmbH
Amrichshäuser Str. 28/1
74653 Künzelsau

Die Voliere (monatlich)
Zeitschrift für Vogelhalter,
-züchter, -liebhaber und
Naturfreunde
M. & H. Schaper GmbH &
Co. KG
Postfach 16 42
31046 Alfeld

BNA-aktuell (vierteljährlich)
Mitgliederinformation des
Bundesverbandes für fach-
gerechten Natur- und Artenschutz (BNA) e.V.

Die Gefiederte Welt (monatlich), Verlag Eugen Ulmer
GmbH & Co.,
Postfach 70 05 61
70574 Stuttgart

VDW-Info-Heft (vierteljährlich)
Mitgliederinformation des
Verbandes Deutscher Wald-
vogelpfleger (VDW) e.V.

WVP-Rundbrief (vierteljährlich)
Mitgliederinformation des
Bundes Deutscher Waldvo-
gelpfleger (WVP) e.V.

Ziergeflügel und Exoten
Zeitschrift der VZE (monatlich)

Bildquellen

Andreas Bärtels, Waake:
Abb. Seite 10, 55 oben, 64,
74, 86. *blickwinkel/A. & J.
Kosten*, Witten: Abb. Seite 13.
blickwinkel/M. Hoefer, Wit-
ten: Abb. Seite 58, 69. *Dr.
Hans Claßen*, Rheinmünster:
Abb. Seite 68, 70. *Astrid
Falk*, Bonn: Abb. Seite 37.
Oliver Giel, Walsdorf: Abb.
Seite 1, 3, 5, 17, 19, 33, 49,
66, 77 unten, 88, Umschlag-
foto. *Frank Hecker Naturfo-
tografie*, Panthen-Hammer:
Abb. Seite 9, 53, 73, Um-
schlagrückseite. *Gerhard Ott*,
Flensburg: Abb. Seite 36.
Hans Reinhard, Heiligkreuz-
steinach: Abb. Seite 72. *Dr.
F. Sauer/Frank Hecker Natur-
fotografie*, Panthen-Hammer:
Abb. Seite 14, 44, 90.
Alle anderen Fotos: *Thomas
Wendt*. Zeichnungen:
Christiane Gottschlich, Ber-
lin, nach Vorlagen des Ver-
fassers und aus der Literatur.

Literatur

Aeckerlein, W.: Die Ernährung des Vogels, Verlag Eugen Ulmer, Stuttgart 1986.

Aschenborn, C.: Einheimische Stubenvögel, Band 1, Albrecht Philler Verlag, Minden 1966.

Aschenborn, C.: Einheimische Stubenvögel, Band 2, Albrecht Philler Verlag, Minden 1966.

Baars, W.: Insektenfresser, Verlag Eugen Ulmer, Stuttgart 1981.

Bielfeld, H.: Einheimische Singvögel, Verlag Eugen Ulmer, Stuttgart 1984.

Bielfeld, H.: Vogelfutter aus der Natur, Verlag Eugen Ulmer, Stuttgart 1993.

Dost, H.: Handbuch der Vogelpflege und –züchtung, Urania-Verlag, Leipzig/Jena 1954.

Friederich, U./Volland, W.: Futtertierzucht, Verlag Eugen Ulmer, Stuttgart 1981.

Heinzel, H./Fitter, R./Parslow, J.: Pareys Vogelbuch, 7., vollständig überarbeitete Auflage, Parey Buchverlag, Berlin 1996.

Holsheimer, J. P.: Krankheiten der Käfig- und Volierenvögel, Natur-Verlag, Augsburg 1990.

Lohmann, M.: Vogelparadies Garten, BLV, München 1999.

Nicolai, J.: Fotoatlas der Vögel, Gräfe und Unzer, München 1982.

Nicolai, J.: Singvögel, Gräfe und Unzer, München 1991.

Sabel, K.: Naturgemäße Finkenzucht, Sämereien und Wildfutterpflanzen für europäische und außereuropäische Körnerfresser, Joko-Verlag, Bassum 1983.

Schnabl, H.: Vogelfutterpflanzen, Arndt-Verlag, Bretten 1998.

Witt, R.: Ein Garten für Vögel, Kosmos Verlag, Stuttgart 1999.

Wolters, H. E.: Die Vögel Europas im System der Vögel, Biotropic Verlag, Baden-Baden 1983.

Impressum

Die Deutsche Bibliothek – CIP-Einheitsaufnahme

Ein Titelsatz für diese Publikation ist bei Der Deutschen Bibliothek erhältlich.

ISBN 3-8001-3298-2

© 2002 Verlag Eugen Ulmer GmbH & Co., Wollgrasweg 41, 70599 Stuttgart (Hohenheim), Internet: www.ulmer.de E-Mail: info@ulmer.de Printed in Germany Lektorat: Dr. Eva-Maria Götz, Torsten Winter Herstellung & DTP: Die Herstellung, Stuttgart Druck und Bindung: Georg Appl, Wemding

Register

Mit Sternchen* versehene Seitenzahlen verweisen auf Abbildungen.

Mehr Wissen über Vögel

Ziel dieses Buches ist es, dem Vogelhalter fundierte Grundlagenkenntnisse zu vermitteln, um die Vogelernährung zu verbessern. In diesem Bemühen kann selbstverständlich nicht auf die jeweils spezifischen Bedarfsansprüche der verschiedenen Vogelarten eingegangen werden. Jedoch soll der Vogelpfleger in die Lage versetzt werden, besser als zuvor biologische Gesetzmäßigkeiten und Zusammenhänge zu verstehen, um daraus praktische Maßnahmen für die tägliche Fütterung des Vogels ableiten zu können.

Aus dem Inhalt:

Anatomische und physiologische Grundlagen. Bestandteile und Bedeutung der Futterstoffe. Stoffwechsel. Ernährung des Vogels in freier Natur und in der Obhut des Menschen. Futtermittelkunde. Ernährung der am häufigsten gehaltenen Vögel.

Die Ernährung des Vogels. Grundlagen und Praxis. Wolfgang Aeckerlein.
2. Aufl. 1993. 132 Seiten, 17 Abbildungen.
ISBN 3-8001-7277-1.

Für Profi- und auch für Hobbyornithologen ist dieser Bestimmungsführer als einmalige und zuverlässige Quelle unersetzlich. Es ist das einzige Werk, das alle in der Westpaläarktis (Mitteleuropa, Nordafrika, Mittlerer Osten) vorkommenden Vögel behandelt. Dabei wird jede Vogelart (auch Zugvögel und nicht heimische Arten) ausführlich mit Größe, Federkleid, Stimme, Status und Lebensraum beschrieben und in insgesamt über 8.000 einzigartigen Farbzeichnungen der unterschiedlichen Federkleider abgebildet.

Handbuch der Vogelbestimmung. Europa und Westpaläarktis. Mark Beaman, Steve Madge. Sonderausgabe 2001. 868 Seiten, 585 Verbreitungskarten, über 8.000 Farbzeichnungen. ISBN 3-8001-3471-3.

Einheimische Singvögel.
Schutz, Pflege und Zucht. Horst Bielfeld.
2. Auflage 1990.
128 Seiten, 54 Farbfotos, 31 Zeichnungen.
ISBN 3-8001-6800-6.